新编大宗商品投资分析

主　编　周巧萍

副主编　张福健　陈海勇

浙江工商大学出版社
ZHEJIANG GONGSHANG UNIVERSITY PRESS

·杭州·

图书在版编目(CIP)数据

新编大宗商品投资分析 / 周巧萍主编；张福健，陈海勇副主编. — 杭州：浙江工商大学出版社，2022.11
ISBN 978-7-5178-5148-6

Ⅰ. ①新… Ⅱ. ①周… ②张… ③陈… Ⅲ. ①商品期货－投资分析 Ⅳ. ①F830.93

中国版本图书馆 CIP 数据核字(2022)第 186762 号

新编大宗商品投资分析
XINBIAN DAZONG SHANGPIN TOUZI FENXI

主　编　周巧萍
副主编　张福健　陈海勇

责任编辑	沈敏丽
责任校对	何小玲
封面设计	朱嘉怡
责任印制	包建辉
出版发行	浙江工商大学出版社
	（杭州市教工路 198 号　邮政编码 310012）
	（E-mail:zjgsupress@163.com）
	（网址:http://www.zjgsupress.com）
	电话:0571 - 88904980,88831806(传真)
排　版	杭州朝曦图文设计有限公司
印　刷	杭州钱江彩色印务有限公司
开　本	787 mm×1092 mm　1/16
印　张	11.25
字　数	227 千
版 印 次	2022 年 11 月第 1 版　2022 年 11 月第 1 次印刷
书　号	ISBN 978-7-5178-5148-6
定　价	42.00 元

前　言

在金融投资市场，大宗商品指同质化、可交易、被广泛用于工农业生产的基础原材料，如原油、有色金属、农产品、铁矿石、煤炭等，在国民经济发展中的地位非常重要。随着国际大宗商品供需矛盾的日益加深，对于一些战略性资源，其生产、贸易活动甚至上升到国家战略层面，成为国家经济安全的重要保障。

近年来，随着国际大宗商品价格波动日趋常态化，价格波动剧烈和非理性涨跌已经严重超出企业的管理能力。我国很多企业面对原料价格的波动，往往没有对应的采购策略，最终使得企业遭受巨大损失。大宗商品市场具有规避风险功能和价格发现功能。其中，规避风险功能可以通过套期保值来实现，能够促进商品生产经营者有效回避其可能遭受的价格风险。虽然，现在企业已经意识到大宗商品价格风险管理的重要性，但很多企业都面临一个很现实的问题——不具备这方面的人才。大宗商品价格风险管理是建立在投资分析基础之上的，只有经过投资分析，研判价格走势，才能很好地制定出大宗商品采购策略，规避价格波动带来的风险。因此，市场演变催生了企业对大宗商品投资分析人才需求的快速增长，但是这方面的人才培养却相对滞后。

《新编大宗商品投资分析》基于大宗商品投资分析基本理论，全面介绍大宗商品交易市场及交易规则，着重阐述大宗商品两大投资分析方法，对大宗商品期、现货市场中商品价格走势进行研判分析，为企业制定合理的大宗商品交易策略提供参考依据。本书第一章和第二章对大宗商品主要现货市场和期货市场进行归纳梳理，介绍各个市场上市品种、交易规则和交易时间等信息，使读者了解投资分析所面向的对象。第三章至第十一章介绍大宗商品两大投资分析方法，分别是基本面分析法和技术分析法，以案例分析为主，采用了大量的图表对大宗商品实际案例进行分析。第十二章是在前几章基础之上，经过投资分析后提出的大宗商品交易策略和资金管理方法。本书具有较强的实用性和创新性，适合经济与管理类本科生学习使用，以及对大宗商品投资有兴趣的实际工作者参考使用。

本书共十二章,由周巧萍负责组织和统稿。第一章和第二章由绍兴新宇资产管理有限公司总经理张福健编写,第三章和第十二章由国盛证券资管公司权益量化部总经理陈海勇编写,第四章至第十一章由周巧萍编写。

本书在编写过程中,参考和引用了大量的文献资料,在此,我们向编著这些著作、资料的专家、学者表示诚挚的感谢。

由于作者知识水平有限和教学经验不足,本书中难免存在一些缺陷和不足,恳请各位读者批评指正,以便我们在将来的修订版中予以补充和完善。

编 者

2022 年 9 月

目录

第一章　我国大宗商品市场

育人目标

通过对现货仓单重复质押案例的分析,培养学生的商业诚信意识和责任担当意识,让学生了解遵守第三方物流管理规章制度和相关法律法规的重要意义。

知识目标

通过对本章的学习,了解传统贸易和现货交易的区别,掌握现货电子交易的相关定义和术语,了解我国现货交易市场的交易品种与交易规则,理解现货交易与期货交易的区别,掌握我国三大期货交易市场的交易品种与交易规则。

能力目标

熟悉交易软件,具备查看行情、银期转账、开仓、平仓等交易操作的能力。

大宗商品市场,是指进行大宗商品交易的场所。大宗商品是指可进入流通领域,但非零售环节,具有商品属性,用于工农业生产与消费的大批量买卖的物质商品。在金融投资市场,大宗商品指同质化、可交易、被广泛作为工业基础原材料的商品,如原油、有色金属、农产品、铁矿石、煤炭等。大宗商品包括 3 个类别,即能源商品、基础原材料和大宗农产品。能源商品有燃油、焦炭、焦煤、原油等,基础原材料有金、银、铜、铝、锌、铅等,大宗农产品有豆油、鸡蛋、豆粕、棕榈油、白糖、菜籽油、苹果、棉花等。各类大宗商品市场又叫商品交易所,著名的如纽约商品交易所、芝加哥商品交易所等。

大宗商品有现货交易,也可以设计为期货、期权,作为金融工具来交易,后者可以更好地实现价格发现功能和规避价格风险功能。由于大宗商品大部分是工业基础原材料,处于产业链的最上游,因此反映其供需状况的期货及现货价格变动会直接影响到整个经济体系。例如,铜价上涨将增加电子、建筑和电力行业的生产成本,石油价格上涨则会导致化工产品价格上涨,并带动其他能源如煤炭和替代能源的价格与供给提升。投资者,尤其是投资相关行业的投资者应当密切关注大宗商品的供求和价格变动。而本教材主要介绍大宗商品投资分析,因此以大宗商品期货市场为主要分析市场。

第一节 我国大宗商品现货市场

随着互联网的蓬勃发展,借助互联网进行电子交易已经成为必然,在全球经济一体化的形势下,应尽快建立起适合中国国情的传统产业、有形市场与电子商务相结合的模式以应对国际竞争。要规范大宗商品现货电子交易方式,使现货批发市场在适应现代经济技术发展的过程中健康有序,促进现货批发市场规范化,发展物流配送,推动流通现代化建设。

一、传统贸易与现货交易

(一)传统贸易

在 21 世纪以前,贸易方式以传统贸易为主。传统贸易的形式是买卖双方直接见面,就商品的买卖达成一致,然后一手交钱一手交货。传统贸易下的大宗商品交易多采用合同的方式进行,买卖双方按所签订合同的内容在未来的时间里进行商品交易。它存在如下缺点:

(1)价格形成不规范,风险不能转移。由于合同价格是根据当时的供求情况等因素定出的,而在执行合同时市场价格发生变化是必然的,有利于一方必然不利于另一方。同时价格的形成也在很大程度上受到地域的限制,很难完全公平。

(2)信用风险。价格风险产生的必然性影响合同执行的有效性,信用风险在这种情况下不可避免。

(3)买卖双方很少,难以形成集中的市场,买卖双方单独协商,讨价还价达成协议,谈判技巧对价格形成影响极大。

(4)合同规范程度低。每当签合同时都要重复寻找客户、询价、初步谈判、签约等一系列环节,都要就品种、质量、时间、运输等因素争论不休。对大宗商品交易商来说,签约和执行的成本相应增加。

(二)现货交易

随着互联网的出现,世界已慢慢变成地球村,建立在信息化基础上的现货电子交易走上新经济的舞台。现货电子交易就是以网络为工具,以电子商务的模式进行交易,买卖双方不见面,以电子交易市场为交易平台,由政府做裁判,通过计算机网络在相应的电子平台上进行挂牌交易、集中竞价买卖,统一撮合成交,统一结算付款,价格行情实时显示的交易方式;是一种线上和线下相结合、现实与虚拟相结合、传统经济与网络经济相结合的双赢模式,充分解决了现货商品交易的住处源、客户源、在线结算、物流配送等众多难题的交易形式。

《大宗商品电子交易规范》对大宗商品做了明确的规定:可进入流通领域,但非零售环节,具有商品属性,用于工农业生产与消费的大批量买卖的物质商品。现货仓单交易与期货交易极为相似,既是一种商品交易手段,又是一种金融投资手段。它在定义上与期货交易的不同在于其在指定仓库进行标的货物交割的时间可以是从拥有现货仓单之日到现货仓单最后交易日之间的任意一天,而期货合约上则有明确的标的货物交割日期。

大宗商品认知课程视频

1.现货电子交易市场的主要特征

(1)电子交易合同的标准化。除价格外,合同的所有其他条款都是预先规定好的,具有标准化的特点。这种标准化的电子交易合同一经注册,便成为仓单。

(2)双向交易。投资者可以通过对仓单的低价位买入,高价位卖出获利;也可以通过对仓单的高价位卖出,低价位买入获利。交易方式更加灵活,交易机会增加。

(3)对冲机制。对冲机制指的是对电子化合同采取反方向的操作,达到解除履约责任的目的。

(4)当日结算制度。每日对投资者账户进行核算,避免债务纠纷,达到控制风险的目的。

(5)保证金制度。保证金制度是指对交易双方冻结适当的保证金,以达到保证合同履行的目的,同时可发挥资金的杠杆作用,充分利用资金。

(6)"T+0"交易制度。就是当天就可以对订立的合约进行转让处理。当日获利,当日就可以对冲平仓。这样就可以充分利用资金,同时减轻长期持仓带来的风险,操作机动灵活。

2.现货电子交易的六大优势

(1)迅速提高商品交易效率,大大降低了交易成本。

(2)增强了交易的透明度,有效地遏制了暗箱操作,克服了欺诈、回扣、三角债等交易中的弊端。

(3)保证了交易商品的质量,有效地杜绝了假冒伪劣商品的上市。

(4)带动了一批产业,活跃了市场经济。

(5)供需双方通过互联网交易,扩大了市场容量,形成了全国统一的大市场。

(6)避免了商品大范围迂回运输,节约了大量人力、物力和财力。

二、现货电子交易相关定义和术语

现货仓单:货物所有人将货物运抵定点仓库后,由市场向货物所有人开具的代表商品所有权的一种凭证。现货仓单经交易市场注册后,即可通过互联网进入现货交易市场交易系统进行交易。现货仓单可在市场内自由转让、买卖,也可进行现货实物交收。现货交易实际上是标准化的仓单交易。

现货电子交易:以网络为工具,以电子商务的模式进行交易,买卖双方不见面,以电子交易市场为交易平台,由政府当裁判;是一种线上和线下相结合、现实与虚拟相结合、传统经济与网络经济相结合,充分解决了现货商品交易的住处源、客户源、在线结算、物流配送等众多难题的交易形式。

大宗商品:可进入流通领域,但非零售环节,具有商品属性,用于工农业生产与消费的大批量买卖的物质商品。

电子交易合同:交易商通过交易市场的电子交易系统签订的约定双方权利和义务的合同。可约定的内容有标的、质量等级、规格、交收日、出厂日期、包装、交收地点、可否转让等。

交易中心:为交易商提供及时开展现货交易的电子商务平台,并能够提供配套物流服务的法人。

交易商:经由电子交易中心根据有关法律法规及电子交易中心章程的有关规定审核批准,在电子交易中心进行大宗商品电子交易的企业法人。

交货仓库:经电子交易中心核准、委托,负责检验、保管交易商进行交易的大宗商品并提供相应担保,为电子交易提供相关物流服务的第三方业务部门。

结算银行:由电子交易中心指定,协助电子交易中心进行交易结算、资金划拨的银行。

多方:交易中以买进为主的经营者。

空方:交易中以卖出为主的经营者。

开仓(建仓):投入履约金后签订的第一笔买进或卖出订货合同。

平仓:持有订货合同后,订立反向的同品种买卖合同,全部或部分抵消原合同责任。

持仓:订立合同后,并不及时平仓,在一定时期内拥有其所有权的交易方式。

追仓(加仓):交易中买进或卖出现货后,在同方向再增加的现货买卖量。

货物交收:按照电子交易合同约定,交易双方办理合同约定货物所有权转移手续的过程。

涨跌停板(最高最低限价):现货交易中为了控制市场风险由交易市场所规定的每日交易价格最大波动范围。

保证金:交易商按照交易市场规定标准交纳的资金,用于现货交易的结算和保证履约。

案例分析

2022年5月底,一次偶然的货物转运,却意外引爆了暗藏许久的铝锭现货仓单重复融资风险。

某商贸公司去佛山市某仓储管理有限公司的一个现货仓库提货时,发现原始货主卖给该公司的货物数量和库存对不上,这批货物已被制作成多份仓单出售,存在严重的权属不清问题,从而引发货主集体提货挤兑,警方随即介入。

该现象并不只存在于某公司一家仓库。华东也有多家仓储公司存放的铝锭现货出现了类似情况,且涉及原始货主、仓库联手作案的情形。经核查,这种情况可能涉及团伙诈骗犯罪,目前已经被公安机关以合同诈骗罪立案。

出现这种情况的原因主要有两方面:一方面,鉴于融资方的行业地位和仓库的信誉,出资方给予信任,殊不知被信任的两方合伙欺骗;另一方面,仓库可能没有规范执行流程或者疏于管理,让相关关键岗位人员有利可图。

专业知识:现货仓单、质押型融资、贸易型融资、第三方物流。

思考题:

1. 请简述质押型融资和贸易型融资。

2. 请分析该事件中融资方、仓库方、出资方存在的问题。

3. 请总结该事件的主要漏洞。

铝现货仓单连环爆雷背后:

融资方如何与库方联合作案?

第二节　我国大宗商品期货市场

期货市场是期货合约交易的场所,即期货交易所。广义上的期货市场包括期货交易所、结算所或结算公司、经纪公司和期货交易者。狭义上的期货市场仅指期货交易所。期货交易所是买卖期货合约的场所,是期货市场的核心。比较成熟的期货市场在一定程度上相当于一种完全竞争的市场,是经济学中最理想的市场形式。所以期货市场被认为是一种较高级的市场组织形式,是市场经济发展到一定阶段的必然产物。期货市场是交易双方达成协议或成交后,不立即交割,而在未来的一定时间内进行交割的场所。期货合约的种类有很多,因此,不同的期货交易所经营不同的期货合约。世界上有许多期货交易所,最著名的有芝加哥商品期货交易所和纽约期货交易所等。

什么是期货课程视频　　　　　　　　　交易规则课程视频

一、现货仓单交易与期货交易的比较

(一)现货仓单交易与期货交易的相同点

(1)都采用标准化的形式进行交易,必须在国家指定的交易市场进行交易。

(2)交易方式相同。都是实行"T+0"交易制度(当日开仓当日即可以平仓)及买多卖空制度(当判断行情将下跌时,只要提供履约金即可以卖出开仓,事后买入平仓)。

(3)交易的商品基本相同,都是大宗生产原材料及农业初级产品。比如:白砂糖、花生仁、大豆、红小豆、高粱、豆粕、大米、绿豆、胶合板、天然橡胶、铜、铝、白银、菜籽油等。

(4)都实行交易涨跌停板制度。

(二)现货仓单交易与期货交易的区别

(1)交易的标的物不同。仓单交易的标的物就是仓单(标准化的商品),属于现货交易的范畴。期货交易的标的物是标准化合约,不是现实的商品。

(2)交易的履约金不一样。仓单交易和期货交易的履约金不同,期货交易的履约金为5%—10%,而现货交易的履约金根据交易方式不同而不同,招标和拍卖的履约金为100%,仓单竞价交易的履约金为20%左右。

(3)交收的形式不同。仓单交易采用随机交收与即时交收相结合的形式;期货交易实行按合约规定时间进行强制交收的形式。(随时交收是指成交之后随时可以提出交收,经过市场交割匹配,成功就交收;即时交收就是一成交就进行现货交收。)

(4)期货交易的风险较仓单交易要大得多。

套期保值课程视频(1)　套期保值课程视频(2)　　投机交易课程视频　　　套利交易课程视频

二、我国主要期货交易市场

我国的期货交易市场有中国金融期货交易所、上海期货交易所、大连商品交易所、郑州商品交易所、上海国际能源交易中心（隶属于上海期货交易所）。

（一）中国金融期货交易所

中国金融期货交易所是经国务院同意，中国证监会批准设立的，专门从事金融期货、期权等金融衍生品交易与结算的公司制交易所。中国金融期货交易所由上海期货交易所、郑州商品交易所、大连商品交易所、上海证券交易所和深圳证券交易所共同发起，于 2006 年 9 月 8 日在上海正式挂牌成立。

权益类：沪深 300 股指期货、中证 500 股指期货、上证 50 股指期货。

利率类：2 年期国债期货、5 年期国债期货、10 年期国债期货。

期权类：沪深 300 股指期权、中证 1000 股指期权。

沪深 300 股指期货合约及 5 年期国债期货合约如表 1-1、表 1-2 所示。

表 1-1　沪深 300 股指期货合约

项目	内容	项目	内容
合约标的	沪深 300 指数	最低交易保证金	合约价值的 8%
合约乘数	每点 300 元	最后交易日	合约到期月份的第三个周五，遇国家法定假日顺延
报价单位	指数点	交割日期	同最后交易日
最小变动价位	0.2 点	交割方式	现金交割
合约月份	当月、下月及随后 2 个季月	交易代码	IF
交易时间	上午：9:30—11:30 下午：1:00—3:00	上市交易所	中国金融期货交易所
每日价格最大波动限制	上一个交易日结算价的 ±10%		

表 1-2　5 年期国债期货合约

项目	内容	项目	内容
合约标的	面值为 100 万元人民币、票面利率为 3% 的名义中期国债	每日价格最大波动限制	上一交易日结算价的 ±1.2%
可交割国债	发行期限不高于 7 年，合约到期月份首日剩余期限为 4—5.25 年的记账式附息国债	最低交易保证金	合约价值的 1%
报价方式	百元净价报价	最后交易日	合约到期月份的第二个星期五
最小变动价位	0.005 元	最后交割日	最后交易日后的第三个交易日
合约月份	最近的 3 个季月（3 月、6 月、9 月、12 月中的最近 3 个月循环）	交割方式	实物交割
交易时间	09:30—11:30，13:00—15:15	交易代码	TF
最后交易日交易时间	09:30—11:30	上市交易所	中国金融期货交易所

(二)上海期货交易所、上海国际能源交易中心

上海期货交易所(Shanghai Futures Exchange,缩写为 SHFE)是依照有关法规设立的,履行有关法规规定的职能,按照其章程实行自律性管理的法人,并受中国证监会集中统一监督管理。上海期货交易所以金属、能源、化工等工业基础性产品及相关衍生品交易为主,以成为国际化综合性期货交易所为战略目标。现有会员 202 家。上海期货交易所挂牌交易的产品中,原油期货是我国首个国际化期货品种,对我国期货市场对外开放具有标志性意义。铜期权是我国首个工业品期权,为企业提供了更加精细的风险管理工具。上海期货交易所已成为世界影响力最大的三大铜期货市场之一。

上海国际能源交易中心股份有限公司是经中国证监会批准,由上海期货交易所发起设立的、面向期货市场参与者的国际交易场所。

有色金属:铜、铝、锌、铅、镍、锡、国际铜。

黑色金属:螺纹钢、线材、热轧卷板、不锈钢。

能源化工:原油、燃料油、沥青、天然橡胶、纸浆、低硫燃料油、20 号胶。

贵金属:黄金、白银。

期权:原油期权、铜期权、铝期权、锌期权、黄金期权、天胶期权。

铜期货标准合约及原油期货期权合约如表 1-3、表 1-4 所示。

表 1-3　铜期货标准合约

项目	内容	项目	内容
交易品种	阴极铜	交割品级	标准品:阴极铜,符合国标 GB/T 467—2010 中 1 号标准铜(Cu-CATH-2)规定,其中主成分铜加银含量不小于 99.95%
交易单位	5 吨/手		替代品:阴极铜,符合国标 GB/T 467—2010 中 A 级铜(Cu-CATH-1)规定;或符合 BS EN 1978:1998 中 A 级铜(Cu-CATH-1)规定
报价单位	元(人民币)/吨	交割地点	交易所指定交割仓库
最小变动价位	10 元/吨	最低交易保证金	合约价值的 5%
涨跌停板幅度	上一交易日结算价±3%	交割方式	实物交割
合约月份	1—12 月	交割单位	25 吨
交易时间	上午 9:00—11:30,下午 1:30—3:00,以及交易所规定的其他交易时间	交易代码	CU
最后交易日	合约月份的 15 日(遇国家法定节假日顺延,春节月份等最后交易日交易所可另行调整并通知)	上市交易所	上海期货交易所
交割日期	最后交易日后连续 3 个工作日		

表 1-4 原油期货期权合约

项目	内容
合约标的物	原油期货合约(1000 桶)
合约类型	看涨期权,看跌期权
交易单位	1 手原油期货合约
报价单位	元(人民币)/桶
最小变动价位	0.05 元/桶
涨跌停板幅度	与标的期货合约涨跌停板幅度相同
合约月份	最近 2 个连续月份合约,其后月份在标的期货合约结算后持仓量达到一定数值之后的第二个交易日挂盘,具体数值由上海国际能源交易中心另行发布
交易时间	上午 9:00—11:30,下午 1:30—3:00,以及上海国际能源交易中心规定的其他时间
最后交易日	标的期货合约割月前第一月的倒数第 13 个交易日,上海国际能源交易中心可以根据国家法定节假日等调整最后交易日
到期日	同最后交易日
行权价格	行权价格覆盖标的期货合约上一交易日结算价上下浮动 1.5 倍当日涨跌停板幅度对应的价格范围。行权价格≤250 元/桶的,行权价格间距为 2 元/桶;250 元/桶<行权价格≤500 元/桶的,行权价格间距为 5 元/桶;行权价格>500 元/桶的,行权价格间距为 10 元/桶
行权方式	美式。买方可在到期日前任一交易日的交易时间提交行权申请;买方可在到期日 15:30 之前提交行权申请、放弃申请
交易代码	看涨期权:SC-合约月份-C-行权价格 看跌期权:SC-合约月份-P-行权价格
上市机构	上海国际能源交易中心

(三)大连商品交易所

大连商品交易所(Dalian Commodity Exchange,缩写为 DCE)是中国最大的农产品期货交易所,全球第二大大豆期货市场。大连商品交易所成立于 1993 年 2 月 28 日,是经国务院批准并由中国证监会监督管理的 4 家商品期货交易所之一,也是中国东北地区唯一一家期货交易所。拥有会员单位 161 家、有效客户 207 万户、交割仓库 530 个、存管银行 16 家。

农产品:生猪、粳米、玉米、玉米淀粉、黄大豆 1 号、黄大豆 2 号、豆粕、豆油、棕榈油、鸡蛋、纤维板、胶合板。

工业品:液化石油气、苯乙烯、乙二醇、聚乙烯、聚氯乙烯、聚丙烯、焦炭、焦煤、铁矿石。

期权:棕榈油期权、玉米期权、豆粕期权、聚乙烯期权、聚氯乙烯期权、聚丙烯期权、液化石油气期权、铁矿石期权、黄大豆 1 号期权、黄大豆 2 号期权、豆油期权。

黄大豆 1 号期货合约及黄大豆 1 号期货期权合约如表 1-5、表 1-6 所示。

表 1-5　黄大豆 1 号期货合约

项目	内容	项目	内容
交易品种	黄大豆 1 号	最后交割日	最后交易日后第 3 个交易日
交易单位	10 吨/手	交割等级	大连商品交易所黄大豆 1 号交割质量标准(F/DCE A001—2018)
报价单位	元(人民币)/吨	交割地点	大连商品交易所黄大豆 1 号指定交割仓库
最小变动价位	1 元/吨	最低交易保证金	合约价值的 5%
涨跌停板幅度	上一交易日结算价的 4%	交割方式	实物交割
合约月份	1、3、5、7、9、11 月	交易代码	A
交易时间	每周一至周五上午 9:00—11:30,下午 1:30—3:00,以及交易所规定的其他时间	上市交易所	大连商品交易所
最后交易日	合约月份第 10 个交易日	最后交割日	最后交易日后第 3 个交易日

表 1-6　黄大豆 1 号期货期权合约

项目	内容	项目	内容
合约标的物	黄大豆 1 号期货合约	交易时间	每周一至周五上午 9:00—11:30,下午 1:30—3:00,以及交易所规定的其他时间
合约类型	看涨期权、看跌期权	最后交易日	标的期货合约交割月份前一个月的第 5 个交易日
交易单位	1 手(10 吨)黄大豆 1 号期货合约	到期日	同最后交易日
报价单位	元(人民币)/吨	行权价格	行权价格覆盖黄大豆 1 号期货合约上一交易日结算价上下浮动 1.5 倍当日涨跌停板幅度对应的价格范围。行权价格≤2500 元/吨的,行权价格间距为 25 元/吨;2500 元/吨<行权价格≤5000 元/吨的,行权价格间距为 50 元/吨;行权价格>5000 元/吨的,行权价格间距为 100 元/吨
最小变动价位	0.5 元/吨	行权方式	美式。买方可以在到期日之前任一交易日的交易时间,以及到期日 15:30 之前提出行权申请
涨跌停板幅度	与黄大豆 1 号期货合约涨跌停板幅度相同	交易代码	看涨期权:A-合约月份-C-行权价格 看跌期权:A-合约月份-P-行权价格
合约月份	1、3、5、7、9、11 月	上市交易所	大连商品交易所

(四)郑州商品交易所

郑州商品交易所是经国务院批准成立的我国首家期货市场试点单位,隶属中国证券监督管理委员会。目前共有会员 164 家;指定交割仓(厂)库、车船板服务机构 350 家;指定保证金存管银行 15 家。

农产品:普通小麦、优质强筋小麦、早籼稻、晚籼稻、粳稻、棉花、棉纱、油菜籽、菜籽油、菜籽粕、白糖、苹果、红枣、花生。

非农产品:动力煤、甲醇、精对苯二甲酸(PTA)、玻璃、硅铁、锰硅、尿素、纯碱、短纤。

期权:白糖期权、棉花期权、PTA 期权、甲醇期权、菜籽粕期权、动力煤期权。

棉花期货合约、棉花期货期权合约如表 1-7、表 1-8 所示。

表 1-7　棉花期货合约

项目	内容	项目	内容
交易品种	棉花	交易时间	每周一至周五(北京时间法定节假日除外)上午 9:00—11:30,下午 1:30—3:00,以及交易所规定的其他交易时间
交易单位	5 吨/手(公定重量)	最后交易日	合约交割月份的第 10 个交易日
报价单位	元(人民币)/吨	最后交割日	合约交割月份的第 13 个交易日
最小变动价位	5 元/吨	交割地点	交易所指定棉花交割仓库
每日价格波动限制	上一交易日结算价±4% 及《郑州商品交易所期货交易风险控制管理办法》相关规定	交割方式	实物交割
最低交易保证金	合约价值的 5%	交易代码	CF
合约交割月份	1、3、5、7、9、11 月	上市交易所	郑州商品交易所

表 1-8　棉花期货期权合约

项目	内容
合约标的物	棉花期货合约
合约类型	看涨期权、看跌期权
交易单位	1 手棉花期货合约
报价单位	元(人民币)/吨
最小变动价位	1 元/吨
涨跌停板幅度	与棉花期货合约涨跌停板幅度相同
合约月份	标的期货合约中的连续 2 个近月,其后月份在标的期货合约结算后持仓量达到 5000 手(单边)之后的第二个交易日挂牌
交易时间	每周一至周五上午 9:00—11:30,下午 1:30—3:00,以及交易所规定的其他交易时间
最后交易日	标的期货合约交割月份前一个月的第 3 个交易日,以及交易所规定的其他日期
到期日	同最后交易日
行权价格	以棉花期货前一交易日结算价为基准,按行权价格间距挂出 6 个实值期权、1 个平值期权和 6 个虚值期权。行权价格≤10000 元/吨的,行权价格间距为 100 元/吨;10000 元/吨<行权价格≤20000 元/吨的,行权价格间距为 200 元/吨;行权价格>20000 元/吨的,行权价格间距为 400 元/吨

续 表

项目	内容
行权方式	美式。买方可在到期日前任一交易日的交易时间提交行权申请;买方可在到期日15:30之前提交行权申请、放弃申请
交易代码	看涨期权:CF-合约月份-C-行权价格 看跌期权:CF-合约月份-P-行权价格
上市交易所	郑州商品交易所

三、我国期货夜盘交易时间

我国期货交易所中一共有 47 个商品期货品种有夜盘交易,夜盘交易时间均从周一至周五 21:00 开始,在不同交易所上市的品种收盘时间略有不同。大连商品交易所和郑州商品交易所都是 23:30 收盘,上海期货交易所的有色金属交易至次日 1:00 收盘,贵金属交易至次日 2:30 收盘,橡胶和螺纹钢等其他品种早在 23:00 收盘。夜盘期货品种及交易时间如下。

21:00—23:30:天然橡胶、螺纹钢、热轧卷板、石油沥青、纸浆、燃料油、低硫燃料油、20 号胶、棉花、棉纱、菜籽油、菜籽粕、白糖、动力煤、甲醇、精对苯二甲酸(PTA)、玻璃、纯碱、短纤、粳米、玉米、玉米淀粉、黄大豆 1 号、黄大豆 2 号、豆粕、豆油、棕榈油、液化石油气、苯乙烯、乙二醇、聚乙烯、聚氯乙烯、聚丙烯、焦炭、焦煤、铁矿石。

21:00—次日 1:00:铜、铝、锌、铅、镍、锡、不锈钢、国际铜。

21:00—次日 2:30:黄金、白银、原油。

没有开通夜盘的品种有:普通小麦、优质强筋小麦、早籼稻、晚籼稻、粳稻、油菜籽、苹果、红枣、花生、硅铁、锰硅、尿素、生猪、鸡蛋、纤维板、胶合板等。

我国大宗商品市场课程视频　　　　我国大宗商品市场 PPT　　　　大宗商品国内市场章节测试

第二章 全球大宗商品市场

育人目标

通过对青山控股案例的分析,使学生关注国际交易规则,具备国际视角、国际风险意识,了解民企的责任担当,增强爱国精神。

知识目标

通过对本章的学习,理解股市与商品价格的关系,掌握全球主要大宗商品市场的交易品种和交易规则,了解我国与国际大宗商品市场的关系。

能力目标

具备全球大宗商品市场交易信息的收集和分析能力。

第一节 大宗商品与全球股票市场

投资者在关注大宗商品市场走势时需要关注全球股票市场、全球商品市场、国内商品市场。

一、为什么做大宗商品要看股票市场

首先,股市是经济的晴雨表,世界各国的经济繁荣与萧条都会反映到股市上,而商品尤其是工业品的涨跌又跟经济的繁荣与萧条有很大的关系。

其次,股市的涨跌与流动性有很大关系。流动性泛滥时产生通胀,股市高涨,流动性不足时产生紧缩,股市下跌。而商品在这个时候也会体现出它们的金融属性,与股市同涨跌。

最后,次贷危机演变成金融危机之后,美元全球化和经济贸易全球化使得这场危机渗透到世界的各个角落,全球各大经济体史无前例地更加紧密地联系在了一起。

以中国股市为例,近年来与外围股市,特别是美国股市关联越来越紧密。尤其是

爆发金融危机之后,更是如此。原因是美国股市是这次世界股市动荡的根源,除了次级债因素之外,半年内美国前五大投行垮掉三家,分别是贝尔斯登、美林、雷曼兄弟。还有各大银行大笔亏损的消息,使市场动荡不安,这种动荡不安影响到了港股,而港股的动荡,通过 H 股和 A 股的比价关系传导到了 A 股。

二、股市与商品价格的关系

一般而言,经济回暖,企业开工多,原材料价格上涨,社会消费提高,同时企业利润提高,上市公司收益提高,股票上涨,良性循环,再带动经济活动开展。如果商品价格过高,则会造成恶性通胀,对社会经济及企业生产又形成障碍,股票收益降低,股市下跌,社会消费降低,恶性循环,物价又开始下跌,造成通缩。从简单意义上说,经济活动就是这样形成复苏、繁荣、衰退、萧条这 4 个阶段的。因此,牛市中,商品价格先涨,熊市中,股票价格先跌。这些都是有其规律的。

三、世界几大经济体的股票指数

1. 道琼斯平均指数

道琼斯平均指数创立于 1885 年,是美国历史最悠久的市场指数之一,由美国 30只知名蓝筹股组成,通常包含各个行业的龙头或是领先者,代表美国最大且最具知名度的股票。道琼斯平均指数的产业涵盖范围很广,主要分布于资讯科技(24.4%)、医疗照护(18.6%)、工业(14.9%)、非必要消费(14.1%)、金融(12.1%)、必要消费(8.4%)等产业。

2. 纳斯达克指数

纳斯达克(NASDAQ)是美国全国证券交易商协会于 1968 年着手创建的自动报价系统名称的英文简称。纳斯达克的特点是收集和发布场外交易非上市股票的证券商报价。它现已成为全球最大的股票市场之一。纳斯达克指数是反映纳斯达克证券市场行情变化的股票价格平均指数,基本指数为 100。

3. 标准普尔指数

标准普尔指数包含美国 500 家最大的上市公司,能很好地衡量美国大型股的表现,由于成分股占美股总市值约 80%,也普遍被认为是美国股市最具代表性的指数。标普 500 指数的产业分布主要集中在资讯科技(28.7%)、医疗照护(14%)、非必要消费(11.4%)、通信服务(11.1%)、金融(9.6%)、工业(8%)等领域。

4. 富时 100 指数

伦敦金融时报 100 指数(伦敦金融时报 100 种股价指数),简称富时 100 指数。其创立于 1984 年 1 月 3 日,是在伦敦证券交易所上市的最大的 100 家公司的股票指数。它由伦敦金融时报编制。该指数是英国经济的晴雨表,也是欧洲最重要的股票指数之一。

5. 日经指数

日经指数是由日本经济新闻社编制并公布的反映日本股票市场价格变动的股票价格平均数。该指数从 1950 年 9 月 7 日开始计算编制,样本股票为在东京证券交易所内上市的 225 家公司的股票,并以当日为基期,当日的平均股价 176.2 日元为基数,当时称为"东证修正平均股价"。1975 年 5 月 1 日,日本经济新闻社向道琼斯公司买进商标,采用美国道琼斯公司的修正法计算,这种股票指数也就改称"日经道琼斯平均股价"。1985 年 5 月 1 日,在合同期满 10 年时,经两家商议,名称改为"日经平均股价",也称"日经指数"。日经指数的采样股票分别来自制造业、建筑业、运输业、电力和煤气业、仓储业、水产业、矿业、不动产业、金融业及服务业等行业,覆盖面极广;而各行业中又是选择最有代表性的公司发行的股票作为样本股票。

6. 恒生指数

恒生指数是由我国香港恒生银行全资附属的恒生指数公司编制的指数。入选样板股为香港股票市场 33 家上市公司的股票。该指数是以发行量为权数的加权平均股价指数,为香港股票市场最有影响的指数。

四、部分国家或地区的股市交易时间

部分国家或地区的股市交易时间如表 2-1 所示。

表 2-1　部分国家或地区的股市交易时间

国家或地区	当地时间		北京时间	
	开市时间	收市时间	开市时间	收市时间
中国内地	9:30	11:30	9:30	11:30
	13:00	15:00	13:00	15:00
中国香港	10:00	12:30	10:00	12:30
	14:30	16:00	14:30	16:00
美国	冬令 9:30	冬令 15:30	冬令 22:30	冬令 4:30
	夏令 8:30	夏令 14:30	夏令 21:30	夏令 3:30
英国	冬令 8:30—9:30	冬令 15:00	冬令 16:30—17:30	冬令 23:00
	夏令 7:30	夏令 15:30	夏令 15:30	夏令 23:30
日本	9:00	11:00	8:00	10:00
	12:00	15:00	11:00	14:00

第二节　国际大宗商品市场

大宗商品投资者必须掌握各品种的领头市场,比如:铜关注 LME 铜,燃料油关注 NYMEX 原油,橡胶关注 TOCOM 橡胶,大豆关注 CBOT 大豆,棕榈油关注 BMD 棕榈油,菜籽油关注温尼伯商品交易所(WCE),白糖棉花关注纽约期货交易所(NYBOT),等等。下面介绍具有代表性的国际大宗商品市场。

一、芝加哥交易所集团(CME Group)

CME Group 是全球最大期货期权交易市场,涵盖面最广,产品最为丰富,旗下拥有 4 个交易所,分别是芝加哥商业交易所(CME)、芝加哥期货交易所(CBOT)、纽约商业交易所(NYMEX)和纽约商品交易所(COMEX)。4 个交易所提供涵盖所有主要资产类别的范围最广的全球基准产品,包括基于利率、股票指数、外汇、能源、农产品、金属、天气和房地产的期货和期权。

2006 年 10 月 17 日,美国芝加哥城内的两大交易所芝加哥商业交易所与芝加哥期货交易所正式合并,由此诞生了迄今为止全球最大的交易所——芝加哥交易所集团。2008 年芝加哥商业交易所集团与纽约商品交易所达成协议。当时的纽约商品交易所是由纽约商业交易所和原纽约商品交易所于 1994 年合并组成的,是全球最具规模的商品交易所,地处纽约曼哈顿金融中心。

(一)芝加哥商业交易所

芝加哥商业交易所的前身为 1898 年成立的芝加哥黄油与鸡蛋交易所,在与 CBOT 合并前就已发展成美国最大、全球第二的期货交易所。交易品种包括股指期货、利率产品、外汇和农产品。

股指期货:为全球主要股指期货与期权提供交易市场,提供多个主要指数的期货交易,其中包括标普 500 指数、纳斯达克指数、道琼斯平均指数、日经指数、MSCI 指数以及富时 100 指数等。

利率产品:基于短期利率的产品,包括欧洲美元和伦敦银行同业拆借利率(LIBOR)。

外汇(FX):全球第二大外汇电子交易中心。客户可利用超过 20 个不同国家的货币(含人民币在内)进行 54 种期货与 31 种期权交易。

农产品包括牛、乳制品、木材、猪肉和天然气合约。

(二)芝加哥期货交易所

芝加哥期货交易所成立于 1848 年,是世界上交易规模最大、最具代表性的农产品交易所,全球谷物类商品的定价中心。交易品种包括大豆、玉米、小麦、豆油、豆粕、稻米等。

(三)纽约商业交易所

在纽约商业交易所中通过公开竞价来进行交易的有原油、汽油、燃油、天然气、电力的期货和期权合约,以及煤、丙烷、钯的期货合约。在该交易所上市的还有 e-miNY 能源期货和部分轻质低硫原油、天然气期货合约。

(四)纽约商品交易所

纽约商品交易所的交易品种包括金、银、铜、铝的期货和期权合约。COMEX 的黄金期货交易市场为全球最大,它的黄金交易往往可以主导全球金价的走向,买卖以期货及期权为主,实际黄金实物的交收占很少的比例。COMEX 的黄金买卖早期只能公开喊价,后来虽然引进了电子交易系统,但 COMEX 并没有取消公开喊价,而是把两种模式混合使用。

二、洲际交易所

洲际交易所(ICE)是美国第二大期货交易所,于 2000 年由全球一些大能源公司和金融机构组建,2001 年通过收购伦敦国际石油交易所(IPE)进入期货市场,2007 年1 月收购纽约期货交易所(NYBOT),8 月收购温尼伯商品交易所(WCE),2009 年收购清算公司(TCC)。

(一)伦敦国际石油交易所

伦敦国际石油交易所主要交易全世界半数以上的原油和炼油期货,交易的品种有布伦特原油和柴油。

(二)纽约期货交易所

纽约期货交易所的交易品种有 11 号原糖、16 号原糖、棉花、可可、拉塞尔指数、外汇和美元指数期货;其中 11 号原糖与棉花期货价格是全球相关品种贸易中最重要的参考价格。

(三)温尼伯商品交易所

温尼伯商品交易所是全电子化交易所,交易品种主要是油菜籽。

三、伦敦金属交易所

伦敦金属交易所(LME)是世界上最大的有色金属交易所,成立于 1876 年,是有色金属的定价中心。2012 年 6 月,该所被香港交易及结算所有限公司(HKEX)以13.88 亿英镑收购,成了香港交易及结算所有限公司的全资子公司,中国交易所行业有史以来的第一次国际并购顺利完成。交易品种主要有铜、铝、铅、锌、镍、铝合金、金属价格指数、北美特种铝合金、小型金属、钢坯、钼和钴。

LME 采用国际会员资格制,其中多于 95% 的交易来自海外市场。该所的交易方式主要有 Open Outcry trading(场内交易，又分为 ring trading 和 KERB trading 两种)、Inter office trading(场外交易)和 LME select 交易(场外交易)。ring trading 和 KERB trading 均通过公开喊价方式进行，Inter office trading 是通过电子交易系统、电话、电子商务或传真方式进行的，所有价格均显示在屏幕上。

LME 合约设置以到期日为区分标准，现货合约分为 TOM 和 CASH。TOM 和 CASH 合约主要是为那些需要在 1—2 天内交割的客户设置的，TOM 合约是"T+1"日到期，CASH 合约是"T+2"日到期。现货和 3 个月合约称为日合约，3 个月合约在 3 个月后可进行交割，投资者可以在 1 月 1 日买到 4 月 1 日到期的合约，在 1 月 2 日买到 4 月 2 日到期的合约；4—6 个月到期的合约到期日为每周三，这类合约称为周合约；7 个月以上的合约到期日为每月第三个星期三，这类合约称为月合约。

伦敦金属交易所与上海期货交易所课程视频

四、东京工业品交易所

东京工业品交易所(TOCOM)，又称东京商品交易所，于 1984 年 11 月 1 日在东京建立。其前身为成立于 1951 年的东京纺织品交易所、成立于 1952 年的东京橡胶交易所和成立于 1982 年的东京黄金交易所，上述 3 家交易所于 1984 年 11 月 1 日合并后改为现名。TOCOM 是世界上最大的铂金和橡胶交易所，也是日本唯一的一家综合商品交易所。

最后，让我们再来了解一下目前国内上市期货品种的国际参考品种，如表 2-2 所示。

表 2-2　国内上市期货品种的国际参考品种

	国内上市品种	国外交易所参考品种
上海期货交易所	铜/铝/锌/螺纹钢/线材	LME/COMEX
	黄金	COMEX/伦敦金
	原油、燃料油	NYMEX 原油
	天然橡胶	TOCOM/SICOM
大连商品交易所	大豆/豆粕/豆油/玉米	COBT
	棕榈油	MCE
郑州商品交易所	白糖	NYBOT
	小麦	CBOT
	棉花	NYBOT

案例分析

2022 年 3 月 7 日至 3 月 8 日,伦敦金属交易所的镍出现暴涨行情,综合镍 03 合约从 2.9 万美元/吨上涨至 10.1 万美元/吨,最高涨幅高达 247%。这场风波的主角是来自中国的一家民营企业——青山控股集团和瑞士大宗商品贸易商嘉能可斯特拉塔。青山控股持有 20 万吨的镍矿空头合约,但是,受到国际事件影响,青山无法准时交上符合交割品质的镍商品,借此机会,嘉能可希望对青山控股实施逼仓,进而希望能拿下青山集团印尼镍矿 60% 的股权。

专业知识:镍产业链、套期保值、多逼空、LME 交易规则、交割标准。

思考题:

①请分析青山控股为何持这么多空单。

②请简述镍价上涨的主要原因是什么。

③了解 LME 的交易规则。

④请查阅青山控股是如何应对该次事件的。

"妖镍事件"复盘:

中国镍遭外资"逼空",青山控股血战终得胜利

全球大宗商品市场课程

全球大宗商品市场 PPT

全球大宗商品市场章节测试

第三章 大宗商品基本面分析

 育人目标

通过对新疆棉花事件的案例分析,增强学生维护国家荣誉和利益的意识,使学生对我国棉花产业发展有信心、有责任担当。

 **知识目标**

通过对本章的学习,了解基本面分析与技术分析的区别,以及基本面分析与技术分析的关系;理解基本面分析的定义及其特点;掌握并灵活运用基本面分析方法中的需求分析、供给分析、供求与均衡价格、影响供求的其他因素等。

 能力目标

具备大宗商品基本面分析能力,包括大宗商品数据收集能力、分析能力以及时事信息分析能力。

大宗商品市场是赤裸裸的竞赛,只有优胜者能够赢钱,落后者必然输钱。投资者能够盈利的条件包括信息获取能力、市场见解能力和果断的反应能力。投资分析体系包括基本面分析和技术分析。两种分析方法都试图解决同样的问题,即预测价格变化的方向,只是着重点不同。技术分析主要研究市场行为,基本面分析则集中考察导致价格涨、跌或持平的供求关系。基本面分析者为了确定某商品的内在价值,需要考虑影响价格的所有相关因素。所谓内在价值就是根据供求规律确定的某商品的实际价值,它是基础分析派的基本概念。某商品内在价值小于市场价格,称为价格偏高,应该卖出这种商品;市场价格小于内在价值,叫作价格偏低,就应买入。

第一节 大宗商品基本面分析与技术分析

大宗商品的价格从根本上说是由供求关系决定的。影响因素包括产量、需求、生产成本、进出口、库存、运输、季节性特征、现货贸易特点、政策因素、货币通胀因素、交易制度因素等。

从大宗商品盘面的角度来看,资金推动是直接因素,多依赖于技术分析。技术分析研究对象主要包括价格趋势、持仓量、成交量、时间周期、心理因素、周边市场环境等。

一、基本面分析和技术分析的区别

(1)基本面分析研究市场运动的前因,即导致价格涨跌或持平的供求关系;技术分析主要研究市场行为,即后果。

(2)技术分析的原理是概率论。基本面分析的原理是相关性与供求平衡关系。

(3)技术派可随心所欲地同时跟踪许多种类,而基础派则往往顾此失彼,经济基础方面的资料繁多,多数基础分析师只好从始而终,专门研究某种或某类商品。

(4)没有基本面功底的分析和决策缺乏前瞻性;没有技术功底的分析和决策缺乏灵活性与客观性。

(5)在市场预测阶段,技术分析或基本面分析都可运用,但是在选择具体入市时机时,必须依靠技术分析。

二、基本面分析和技术分析的关系

实际上大宗商品的期货价格是市场综合了各种因素的反映。投资金额不是很大的投资者可以选择以技术分析为主。投资金额较大的投资者要更关注基本面因素。而真正的投资者不仅需要关注基本面分析,还需要盯住技术分析,从中找到投资机会,运用资金管理等风险控制手段制定投资计划,并进行实际交易。

基本面分析和技术分析的关系如图 3-1 所示。

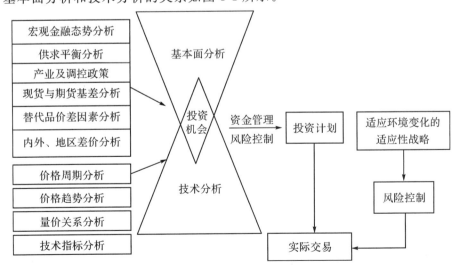

图 3-1　基本面分析和技术分析的关系

第二节　大宗商品基本面分析方法

与股票基本面分析不同,大宗商品基本面分析方法更关注的是影响大宗商品价格变化的宏观因素、产业因素和行业因素等。

一、基本面分析及其特点

基本面分析基于供求决定价格的理论,从供求关系出发分析和预测期货价格变动趋势,就是根据商品的产量、消费量和库存量来分析预测大宗商品价格走势的方法。

大宗商品的基本面分析具有以下特点:

(1)以供求决定价格为基本理念。基本面分析认为市场价格是由供给和需求共同决定的,而供给和需求的变化将引起价格变动。因此,唯有客观分析影响供求的各种因素,才能对期货价格做出正确判断。

(2)分析价格变动的中长期趋势。基本面分析更注重对市场价格的基本运动方向的把握,因而更多地用于对市场价格变动的中长期趋势的预测。

二、需求分析

(一)需求及其构成

需求是指在一定的时间和地点,在各种价格水平下,买方愿意并有能力购买的产品数量。本期需求量由国内消费量、当期出口量和期末结存量构成。

(1)当期国内消费量。国内消费量包括居民消费量和政府消费量,主要受消费者人数、消费者的收入水平或购买能力、消费结构、相关产品价格等因素的影响。

(2)当期出口量。出口量是在本国生产的产品销往国外市场的数量。出口量主要受国际市场供求状况、内销和外销价格比、关税和非关税壁垒、汇率等因素的影响。出口是国外市场对本国产品的需求,若总产量既定,出口量增加则国内市场供给量减少,出口量减少则国内市场供给量增加。

(3)期末结存量。期末结存量如同蓄水池,当本期产品供大于求时,期末结存量增加;当供不应求时,期末结存量减少。期末结存量的变动,可以反映本期的产品供求状况,并对下期的产品供求状况产生影响。

(二)影响需求的因素

1.价格

需求与价格之间的关系可以通过需求曲线来表示。横轴表示需求数量,纵轴表示价格,需求曲线向右下方倾斜(见图 3-2)。一般来说,在其他条件不变的情况下,价格越高,需求量越小;价格越低,需求量越大。价格与需求之间这种反方向变化的关系,就是需求法则。

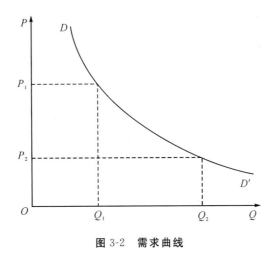

图 3-2　需求曲线

2.收入水平

消费者的收入水平决定其支付能力或购买力。一般来说,收入增加,消费者会增加购买量;收入减少,需求会相应降低。有些产品的需求与消费者的收入水平成反比,我们称其为劣等品。

3.偏好

偏好就是偏爱和喜好。有的人不爱喝咖啡,所以不管咖啡的价格多么便宜,或是自己的收入水平多高,都不去购买或只是少量购买。而有的人喜欢喝咖啡,因此他可以接受较高的价格。人们对某种产品的偏好会发生变化,如果消费者由喜欢喝茶转为喜欢喝咖啡,就会减少对茶的购买量而增加对咖啡的购买量。

4.相关产品价格

相关产品包括替代品和互补品。苹果和梨,菜籽油、棕榈油和豆油,羊肉和牛肉之间存在着替代关系。如果苹果的价格不变而梨的价格降低,消费者就会增加梨的购买量,从而减少对苹果的需求。这就是说,梨的价格变化会影响人们对苹果的需求。汽车和汽油、床架和床垫、眼镜架和镜片之间存在着互补关系。如果汽油的价格一涨再涨,汽车的销量就会受到影响。由此可见,某种产品的需求不仅与自身的价格有关,还与其替代品或互补品的价格有关。

5.消费者的预期

消费者预期某种产品的价格将会上涨时,需求一般会增加;消费者预期某种产品的价格将会下跌时,需求一般会减少。

将以上影响需求的各种因素综合起来,我们便得到需求函数,其公式如下:

$$D = f(P, T, I, Pr, Pe) \qquad (式\ 3\text{-}1)$$

其中，D 表示一定时期内某种产品的需求；P 表示该产品的价格；T 表示消费者的偏好；I 表示消费者的收入水平，Pr 表示相关产品的价格，Pe 表示消费者的预期。

(三)需求的价格弹性

需求的价格弹性表示需求量对价格变动的反应程度，或者说价格变动1％时需求量变动的百分比。需求的价格弹性可用公式表示为：

$$需求的价格弹性 = \frac{需求量变动(\%)}{价格变动(\%)} = \frac{\Delta Q/Q}{\Delta P/P} \qquad (式\ 3\text{-}2)$$

式中：Q 表示需求量；ΔQ 表示需求变动的绝对数量；P 表示价格；ΔP 表示价格变动的绝对数量。

需求的价格弹性实际上是需求量对价格变动做出反应的敏感程度，不同的产品具有不同的弹性。当价格稍有升降，需求量就大幅减少或增加，称之为需求富有弹性；反之，当价格大幅升降，需求量却少有变化，则称之为需求缺乏弹性。

(四)需求量的变动与需求水平的变动

需求量的变动是指在影响需求的其他因素(如收入水平、偏好、相关商品价格、预期等)不变的情况下，只是由产品本身价格的变化所引起的对该产品需求的变化。需求量的变动表现为需求曲线上的点的移动。例如，当价格由 P_A 涨到 P_B 时，需求由 Q_A 降至 Q_B，需求曲线上的 A 点移到 B 点(见图 3-3)。

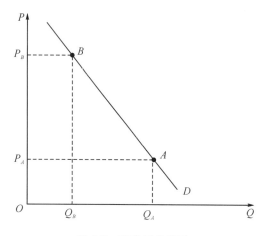

图 3-3　需求量的变动

需求水平的变动并不是由产品本身价格变化所引起的，而是由其他因素(如收入水平、偏好、相关产品价格、预期等)的变化所引起的。需求水平的变动表现为需求曲线的整体移动。例如，人们的收入提高，需求曲线就向右移动；人们预期价格将下降，需求曲线就向左移动(见图 3-4)。

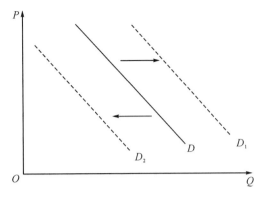

图 3-4　需求水平的变动

三、供给分析

(一)供给及其构成

供给是指在一定的时间和地点,在各种价格水平下卖方愿意并能够提供的产品数量。本期供给量由期初库存量、当期国内生产量和当期进口量构成。

1.期初库存量

期初库存量也就是上一期的期末结存量。期初存量的多少,直接影响本期的供给。库存充裕,就会制约价格的上涨;库存较少,则难以抑制价格上涨。对于耐储藏的农产品、金属产品和能源化工产品,分析期初库存量是非常有必要的。

2.当期国内生产量

不同产品的产量受到不同因素的影响。例如,农产品的产量与天气状况密切相关,矿产品的产量会因为新矿的发现和开采而大增。因此,需要对具体产品产量的影响因素进行具体分析。

3.当期进口量

进口量是本国市场销售的在国外生产的产品数量。进口量主要受国内市场供求状况、内销和外销价格比、关税和非关税壁垒、汇率等因素的影响。进口是国外生产者对本国的供给,若国内需求旺盛,进口量增加;反之,则进口量减少。

(二)影响供给的因素

1.价格

供给与价格之间的关系可以通过供给曲线来表示。横轴表示供给数量,纵轴表示价格,供给曲线向右上方倾斜(见图 3-5)。一般说来,在其他条件不变的情况下,价格越高,供给量越大;价格越低,供给量越小。价格与供给之间这种同方向变化的关系,就是供给法则。

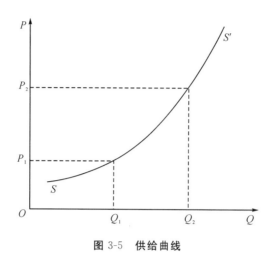

图 3-5　供给曲线

2.生产成本

生产产品要投入各种生产要素,当要素价格上涨时,生产成本提高,利润就会降低,厂商将减少供给。反过来,当要素价格下跌导致生产成本降低时,厂商会选择增加供给,从而赚得更多的利润。

3.技术和管理水平

产品是在一定的技术和管理水平下生产出来的。技术进步和管理水平提高,会提高生产效率,增加供给。

4.相关产品价格

同一块土地既可以种植小麦也可以种植玉米,如果小麦价格上涨,玉米价格不变,那么农民就会增加小麦的种植,减少种植玉米。这就说明小麦价格的变化会影响玉米的供给。豆油和豆粕是同一生产过程中的两种不同产品,如果豆油价格下跌,厂商就会减少豆油的生产,豆粕的产量同时也就减少了。这就说明豆油价格的变化会影响豆粕的供给。

5.厂商的预期

厂商预期某种产品的价格将上涨,可能会把现在生产的产品储存起来,以期在未来以更高的价格卖出,从而减少了当期的供给。反之,厂商预期价格将下跌,就会将储存的产品卖出,以获取更多利润,从而增加了当期的供给。

将以上影响供给的各种因素综合起来,我们便得到供给函数,其公式如下:

$$S=g(P,M,V,P_r,P_e) \qquad\qquad （式3-3）$$

其中,S 表示一定时期内某种产品的供给,P 表示价格,M 表示生产成本,V 表示技术和管理水平,P_r 表示相关产品的价格,P_e 表示厂商的预期。

(三)供给的价格弹性

供给的价格弹性表示供给量对价格变动的反应程度,或者说价格变动1％时供给量变动的百分比。供给的价格弹性可用公式表示为：

$$供给的价格弹性 = \frac{供给量变动（\%）}{价格变动（\%）} = \frac{\Delta S/S}{\Delta P/P} \qquad （式\ 3\text{-}4）$$

式中：S 表示供给量；ΔS 表示供给变动的绝对数量；P 表示价格；ΔP 表示价格变动的绝对数量。

供给的价格弹性实际上是供给量对价格变动做出反应的敏感程度，不同的产品具有不同的弹性。当价格稍有升降，供给量就大幅增加或减少，称之为供给富有弹性；反之，当价格大幅升降，供给量却少有变化，则称之为供给缺乏弹性。

（四）供给量的变动与供给水平的变动

供给量的变动是指在影响供给的其他因素（如生产成本、技术和管理水平、相关产品价格、厂商的预期等）不变的情况下，只是由产品本身价格的变化所引起的该产品供给的变化。供给量的变动表现为供给曲线上的点的移动。例如，当价格由 P_A 涨到 P_B 时，供给由 S_A 升至 S_B，供给曲线上的 A 点移到 B 点（见图 3-6）。

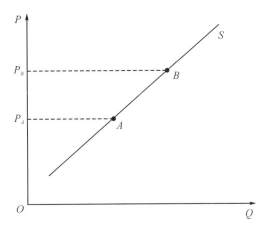

图 3-6　供给量的变动

供给水平的变动并不是由产品本身的价格变化所引起的，而是由其他因素（如生产成本、技术和管理水平、相关产品价格、厂商的预期等）的变化所引起的。供给水平的变动表现为供给曲线的整体移动。例如，技术和管理水平提高，供给曲线就向右移动；生产成本上升，需求曲线就向左移动（图 3-7）。

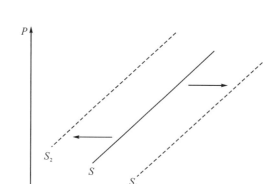

图 3-7 供给水平的变动

四、供求与均衡价格

(一)均衡价格的决定

均衡是现代经济学的基本概念,市场供给量与需求量正好相等时所形成的价格便是均衡价格。图 3-8 表示了供求均衡和均衡价格。在 P_1 的价格上,供给量大于需求量,出现过剩。过剩将使价格下跌,从而刺激需求量增加。在 P_2 的价格上,需求量大于供给量,出现短缺。短缺将使价格上涨,从而刺激供给量增加。显然,只有在供给曲线与需求曲线的交叉点上,供给和需求才停止调整,市场价格稳定在 P_0 的水平上。在均衡的价格水平上,市场不存在过剩和短缺,均衡数量为 Q_0。

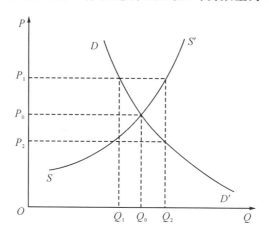

图 3-8 供求均衡和均衡价格

(二)需求变动对均衡价格的影响

在供给曲线不变的情况下,需求曲线右移会使均衡价格提高,均衡数量增加;需求曲线左移会使均衡价格下降,均衡数量减少(见图 3-9)。当需求曲线为 DD' 时,均衡价格和均衡数量分别为 P 和 Q。如果需求水平提高,从而导致需求曲线向右移到

$D_1 D_1{}'$，这时对应于价格 P，需求量会超过供给量，其缺口为 $Q_3 - Q$。在这种情况下，价格将提高，最终稳定在 P_1 的水平上，新的均衡价格和均衡数量分别为 P_1 和 Q_1。与之相反，如果需求水平降低，需求曲线由原来的 DD' 向左移到 $D_2 D_2{}'$，则新的均衡价格和均衡数量分别为 P_2 和 Q_2。

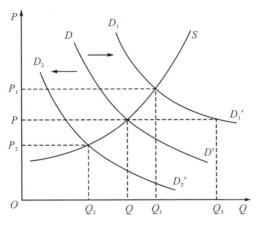

图 3-9　需求与均衡

（三）供给变动对均衡价格的影响

在需求曲线不变的情况下，供给曲线右移会使均衡价格下降，均衡数量增加；供给曲线左移会使均衡价格提高，均衡数量减少（见图 3-10）。当供给曲线为 SS' 时，均衡价格和均衡数量分别为 P 和 Q。如果供给水平提高，从而导致供给曲线向右移到 $S_1 S_1{}'$，这时均衡价格将由 P 下降为 P_1，而均衡数量则由 Q 增加到 Q_1。与之相反，如果供给水平降低，曲线由原来的 SS' 向左移到 $S_2 S_2{}'$，则均衡价格将由 P 上升为 P_2，而均衡数量由 Q 减少到 Q_2。

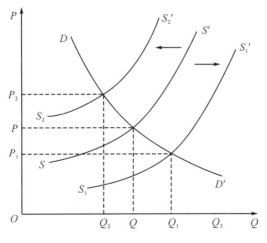

图 3-10　供给与均衡

(四)供求变动对均衡价格的共同影响

以上两方面的分析可以概括为:需求水平的变动引起均衡价格与均衡数量同方向变动;供给水平的变动引起均衡价格反方向变动,引起均衡数量同方向变动。当供给曲线和需求曲线同时发生变动时,我们亦可运用这一定理对变动的总效应加以分析,具体有以下四种情况:

(1)当需求曲线和供给曲线同时向右移动时,均衡数量增加,均衡价格则不确定,可能提高、不变或下降。

(2)当需求曲线和供给曲线同时向左移动时,均衡数量减少,均衡价格则不确定,可能提高、不变或下降。

(3)当需求曲线向右移动而供给曲线向左移动时,均衡价格提高,均衡数量则不确定,可能提高、不变或下降。

(4)当需求曲线向左移动而供给曲线向右移动时,均衡价格降低,均衡数量则不确定,可能提高、不变或下降。

五、影响供求的其他因素

上述的需求和供给分析是现代经济学中的一般原理,也是大宗商品价格基本面分析的基础。因为大宗商品市场的特殊性,所以在一般的供求分析的基础上,还需要对影响大宗商品品种供求的其他因素给予特别的关注。这些因素包括经济波动和周期、金融货币因素、政治因素、政策因素、自然因素、心理因素等。

(一)经济波动和周期

在开放条件下,大宗商品市场价格波动不仅受国内经济波动和周期的影响,而且受世界经济景气状况的影响。经济周期一般由危机、萧条、复苏和高涨四个阶段构成。在经济周期性波动的不同阶段,产品的供求和价格都具有不同的特征(见图3-11),进而影响大宗商品市场的供求状况。

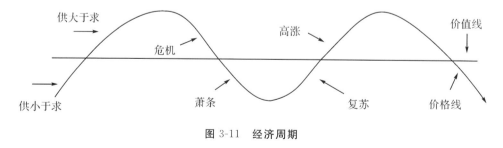

图 3-11 经济周期

(二)金融货币因素

金融货币因素对大宗商品市场供求的影响主要表现在利率和汇率两个方面。

货币政策是世界各国普遍采用的一项主要宏观经济政策,其核心是对货币供应量的管理。为了刺激经济增长、增加就业,中央银行实行宽松的货币政策,降低利率,增加流通中的货币量,一般物价水平随之上升。为了抑制通货膨胀,中央银行实行紧缩的货币政策,提高利率,减少流通中的货币量,一般物价水平随之下降。随着金融深化和虚拟经济的发展,利率在现代市场经济中的地位和作用日益重要。利率的高低不仅影响一般商品的价格水平,而且直接决定资产的定价。资产价格取决于资产的未来收益与利率之比。一般地,利率上升,资产价格降低;利率下降,资产价格提高。随着经济全球化的发展,国际贸易和国际投资的范围和规模不断扩大。汇率对于国际贸易和国际投资有着直接影响。当本币升值时,本币的国际购买力增强,有利于对外投资。同时,以外币表示的本国商品的价格上升,以本币表示的外国商品的价格下降,这将有利于进口而不利于出口。当本币贬值时,外币的国际购买力增强,有利于吸引外商直接投资。同时,以外币表示的本国商品的价格下降,以本币表示的外国商品的价格上升,这将有利于出口而不利于进口。特别是世界主要货币汇率的变化,对期货市场有着显著的影响。例如,目前国际大宗商品大多以美元计价,美元贬值将直接导致大宗商品价格的普遍上涨。

(三)政治因素

大宗商品市场对国家、地区和世界政治局势变化的反应非常敏感。罢工、大选、政变、内战、国际冲突等,都会导致大宗商品市场供求状况的变化和期货价格的波动。例如,2001年"9·11"恐怖袭击事件在美国发生后,投资者纷纷抛售美元,购入黄金保值,使得世界黄金期货市场黄金价格暴涨。同时,石油及铜、铝等重要的有色金属产品也暴涨,而美元则大幅下跌。

(四)政策因素

除了上面讨论的货币政策,一国政府还采用财政政策对宏观经济进行调控。财政政策的核心是增加或减少税收,这直接影响生产供给和市场需求状况。产业政策也是各个国家经常采用的经济政策。产业政策往往有着特定的产业指向,即扶持或抑制什么产业发展。例如,为了应对2008年国际金融危机,中国出台的十大产业振兴规划,就明确了政府鼓励发展的产业,同时中国还提出了相应的政策措施。产业政策一般主要通过财政手段和货币手段实现其政策目标。对期货市场产生影响的政策因素,不仅来自各国政府的宏观调控政策,而且来自各国际组织的经济政策。例如,石油输出国组织(OPEC)经常根据原油市场状况,制订一系列政策,通过削减产量、协调价格等措施来控制国际市场的供求和价格。目前,国际大宗商品,包括石油、铜、糖、小麦、可可、锡、茶叶、咖啡等的供求和价格,均受到相应国际组织的影响。

(五)自然因素

自然因素主要指气候条件、地理变化和自然灾害等。具体来讲,包括地震、洪涝、干旱、严寒、虫灾、台风等方面的因素。期货交易所上市的粮食、金属、能源等商品,其生产和消费与自然条件密切相关。自然条件的变化也会对运输和仓储造成影响,从而也间接影响生产和消费。自然因素对农产品的影响尤其大、制约性尤其强。当自然条件不利时,农作物的产量受到影响,从而使供给趋紧,刺激期货价格上涨;反之,如气候适宜,会使农作物增产,从而增加市场供给,促使其期货价格下跌。例如,巴西是咖啡和可可等热带作物的主要供应国,如果巴西出现灾害性天气,那么对国际上咖啡和可可的价格影响很大。

(六)心理因素

心理因素是指投资者对市场的信心。当人们对市场信心十足时,即使没有什么利好消息,价格也可能上涨;反之,当人们对市场失去信心时,即使没有什么利空因素,价格也会下跌。当市场处于牛市时,一些微不足道的利好消息也会刺激投资者的看好心理,引起价格上涨,利空消息往往无法扭转价格坚挺的走势;当市场处于熊市时,一些微不足道的利空消息也会刺激投资者的看淡心理,引起价格下跌,利好消息往往无法扭转价格疲软的走势。在期货交易中,市场心理变化往往与投资行为交织在一起,相互制约、相互依赖,产生综合效应。过度投机将造成期货价格与实际的市场供求相脱节。

第三节　典型大宗商品的基本面介绍

一、镍

(一)品种概况

1.品种信息

镍是重要的工业金属,广泛运用于钢铁工业、机械工业、建筑业和化学工业。

镍的用途包括:第一,用作金属材料,包括制作不锈钢、耐热合金钢和各种合金;第二,用于电镀,在钢材及其他金属材料的基体上覆盖一层耐用、耐腐蚀的表面层,其防腐性比镀锌层强;第三,在石油化工的氢化过程中用作催化剂;第四,用作化学电源,制作镍氢电池、镍镉电池的原料;第五,制作颜料和染料,制作陶瓷和铁素体等新型材料。

2.品种分类

镍按照生产原料的不同可分为原生镍和再生镍。原生镍的生产原料来自镍矿,再生镍的生产原料来自含镍废料。原生镍包括电解镍、镍铁和镍盐。其中,电解镍根据国标 GB/T 6516—2010 的规定,可分为 Ni9999、Ni9996、Ni9990、Ni9950、Ni9920 五个牌号;镍铁,又称含镍生铁,是镍和铁的合金,主要由红土镍矿进行火法冶炼烧结而成,镍铁的镍金属含量为5%—30%,按照镍含量的不同可分为高镍生铁、中镍生铁和低镍生铁。

(二)交割等级

1.标准品

电解镍,符合国标GB/T 6516—2010中Ni9996的规定,其中镍和钴的总含量不小于99.96%。

2.替代品

电解镍,符合国标GB/T 6516—2010中Ni9999规定,其中镍和钴的总含量不小于99.99%;或符合ASTMB 39—79(2013)规定,其中镍的含量不小于99.8%。

(三)价格影响因素

1.供求关系

供求关系是决定镍长期价格趋势的主要因素。体现供求关系的一个重要指标是库存。镍的库存分报告库存和非报告库存。报告库存又称"显性库存",指交易所库存。非报告库存又称"隐性库存",指全球范围内的生产商、贸易商和终端用户持有的库存。由于非报告库存不会定期对外公布,难以统计,因此一般都以报告库存来衡量库存变化。

2.下游行业的景气程度

镍的主要用途是生产不锈钢,不锈钢行业的景气程度直接影响镍的消费。分析不锈钢行业的变化可以对镍的消费有一个直观的把握。同时,电镀、合金也是比较重要的镍下游消费行业,观察这两个行业的形势有助于全面了解镍的需求情况。

3.进出口政策

进出口政策,尤其是关税政策,是通过调整商品的进出口成本从而控制某一商品的进出口量来平衡国内供求状况的重要手段。

镍是我国重要的战略资源,国家对镍的进出口政策是鼓励进口,限制出口。根据《中华人民共和国进出口关税条例》的相关规定,自2020年1月1日起,对部分商品的进口关税进行调整。其中镍铁2020年最惠国税率为2%,2020年暂定税率为0。镍锍、镍湿法冶炼中间品、氧化镍烧结物、镍的其他中间产品2020年最惠国税率为3%,2020年暂定税率为0;按重量计镍、钴,重量在99.99%及以上,但钴含量不超过0.005%的非合金镍2020年最惠国税率为3%,2020年暂定税率为1%;其他非合金镍2020年最惠国税率为3%,2020年暂定税率为2%。2021年12月23日,国务院关税税则委员会发布的税则显示,自2021年1月1日起,其他非合金镍的进口税率从2%下调到1%(税则号75021090)。

印度尼西亚是全球第一大镍矿出口国,镍矿出口量约占全球贸易量的20%。

2009 年,印度尼西亚通过了《煤炭与矿物法》,规定从 2014 年 1 月 12 日起禁止原矿出口。2014 年印度尼西亚禁矿后,连续 3 年进入我国的镍矿量接近 0。2017 年,印度尼西亚镍矿出口政策放松后,逐渐恢复出口配额。2018 年整年进入我国的镍矿有 1500 万吨,占国内进口总量的近 30%。2019 年 12 月底开始,印度尼西亚镍含量低于 1.7% 的矿石不再允许出口。2022 年 7 月 6 日,印度尼西亚政府多次提到将对镍出口征收累进税,对生铁镍(NPI)和镍铁两种镍产品征收 2% 的税,主要涉及镍含量低于 70% 的商品。

4. 镍的生产成本

生产成本是衡量商品价格水平的基础,当镍价长期低于生产成本时,往往会导致矿山和冶炼企业减产,从而改变市场的供求关系。目前镍冶炼的成本主要由镍精矿、燃料和动力费、人工成本、制造成本和其他费用组成。镍精矿价格的变化是影响镍冶炼成本最重要的因素。

镍基本面分析

二、天然橡胶

(一)品种概况

1. 品种信息

我们所说的天然橡胶通常是指从橡胶树上采集的天然胶乳,经过凝固、干燥等加工工序而制成的弹性固状物。天然橡胶是一种以聚异戊二烯为主要成分的天然高分子化合物,分子式是 $(C_5H_8)_n$,其橡胶烃(聚异戊二烯)含量在 90% 以上,还含有少量的蛋白质、脂肪酸、糖分及灰分等。

天然橡胶的物理特性:天然橡胶在常温下具有较高的弹性,稍带塑性,具有非常好的机械强度,滞后损失小,在多次变形时生热低,因此其耐屈挠性也很好,并且因为是非极性橡胶,所以电绝缘性能良好。

天然橡胶的化学特性:因为有不饱和双键,所以天然橡胶是一种化学反应能力较强的物质,光、热、臭氧、辐射、屈挠变形和铜、锰等金属都能促进橡胶的老化。不耐老化是天然橡胶的致命弱点,但是,添加了防老化剂的天然橡胶,有时在阳光下曝晒两个月依然看不出多大变化,在仓库内贮存三年后仍可以照常使用。

天然橡胶的耐介质特性:天然橡胶有较好的耐碱性能,但不耐浓强酸。由于天然橡胶是非极性橡胶,只能耐一些极性溶剂,而在非极性溶剂中则溶胀,因此,其耐油性和耐溶剂性很差。一般来说,烃、卤代烃、二硫化碳、醚、高级酮和高级脂肪酸对天然橡胶均有溶解作用,但其溶解度则受塑炼程度的影响,而低级酮、低级酯及醇类对天然橡胶则是非溶剂。

2.性能用途

由于天然橡胶具有上述一系列物理化学特性,尤其是具有优良的回弹性、绝缘性、隔水性及可塑性等特性,并且,经过适当处理后还具有耐油、耐酸、耐碱、耐热、耐寒、耐压、耐磨等宝贵性质,所以,其具有广泛用途。例如日常生活中使用的雨鞋、暖水袋、松紧带;医疗卫生行业所用的外科医生手套、输血管、避孕套;交通运输上使用的各种轮胎;工业上使用的传送带、运输带、耐酸和耐碱手套;农业上使用的排灌胶管、氨水袋;气象测量用的探空气球;科学试验用的密封、防震设备;国防上使用的飞机、坦克、大炮、防毒面具。甚至连火箭、人造地球卫星和宇宙飞船等高精尖科学技术产品都离不开天然橡胶。目前,世界上部分或完全用天然橡胶制成的物品已达 7 万种以上。天然橡胶与钢铁、石油和煤炭并称为四大工业原料,是关乎国计民生的重要战略物资。

3.品种分类

天然橡胶按形态可以分为两大类:固体天然橡胶(胶片与颗粒胶)和浓缩胶乳。在日常使用中,固体天然橡胶占了绝大部分。胶片按制造工艺和外形的不同,可分为烟胶片、风干胶片、白皱片、褐皱片等。烟胶片是天然橡胶中最具代表性的品种,一度曾是用量最大、应用最广的一个胶种。烟胶片一般按外形来分级,分为特级、一级、二级、三级、四级、五级等共六级,达不到五级的则列为等外胶。

(二)交割等级

标准品要求符合国产天然橡胶(SCRWF)的要求,质量符合国标 GB/T 8081—2018。进口 3 号烟胶片(RSS3),质量要求符合《天然橡胶等级的品质与包装国际标准(绿皮书)》(1979 年版)。

(三)价格影响因素

1.天然橡胶国际供求情况

全球天然橡胶的主产国是泰国、印度尼西亚、马来西亚、印度、越南和中国。由于中国、印度自身用胶量大,而越南产量目前无法与上述前三者相比,因此,天然橡胶主要出口国是泰国、印度尼西亚和马来西亚。三国已经于 2002 年成立天然橡胶地区销售联盟(ITRCo),并合资成立天然橡胶联盟(IRCo),该组织的目的是稳定橡胶的价格,并保持橡胶供需的长期平衡。

全球天然橡胶消费量最大的国家和地区是中国、印度、美国、西欧和日本,其中,中国自身的天然橡胶产量由于这两年消费量快速增长,仅能满足约五分之一的本国消费量,其余需要进口,印度天然橡胶自给率达 90%,美国、西欧和日本则完全依赖进口。显而易见,上述三大天然橡胶主要出口国和几个主要进口国及地区之间天然橡胶的供求关系对天然橡胶的价格起着最基本,也是至关重要的影响。

天然橡胶消费量最大的就是汽车工业(约占天然橡胶消费总量的65%),而汽车工业的发展带动轮胎制造业的进步。因此,汽车工业及相关轮胎行业的发展情况将会影响天然橡胶的价格。尤其是汽车工业,它的发展情况直接关系到轮胎的产量,从而影响全球天然橡胶的需求和价格。在欧美、日本等地汽车工业进入相对稳定发展期之后,天然橡胶的需求量也相对平稳,比较而言,中国的汽车工业刚刚起步,未来发展有很大空间。因此,国内天然橡胶价格受汽车工业和轮胎行业发展影响的程度将加强。

2.天然橡胶关税政策

2004年以前,中国天然橡胶进口是有配额的,配额内的优惠关税是2%。2004年,中国取消了天然橡胶关税配额制度,烟片胶和标准胶的进口税率由原先的12%提高到20%。2007年初,两者的关税调整为20%或2600元/吨从低的选择税制。2018年12月25日,中国发布了《2019年进出口暂定关税等调整方案》,从2019年1月1日起对部分商品的进出口关税进行调整,天然橡胶及合成橡胶等原材料对部分国家的进口关税继续降低,部分大尺寸轮胎的进口关税大幅降低。根据《国务院关税税则委员会关于2020年进口暂定税率等调整方案的通知》,2020年中国天然橡胶进口关税继续延续2019年的税率。税率如下:40011000天然乳胶2020年暂定税率为10%或900元/吨,两者从低。40012100天然橡胶烟胶片暂定税率为20%或1500元/吨,两者从低。40012200技术分类天然橡胶(TSNR)2020年暂定税率为20%或1500元/吨,两者从低。2020年最惠国税率全部为20%。

3.自然因素

天然橡胶树的生长对地理、气候条件有一定的要求,适宜割胶的胶树一般要有5—7年的树龄,因此,可用于割胶的天然橡胶树的数量短时期内无法改变。而影响天然橡胶产量的主要自然因素有:(1)季节因素。进入开割季节,胶价下跌;进入停割季节,胶价上涨。(2)气候因素。台风或热带风暴、持续的雨天、干旱、霜冻等都会降低天然橡胶的产量而使胶价上涨。(3)病虫害因素。如白粉病、红根病、炭疽病等,这些都会影响天然橡胶树的生长,甚至导致死亡,对天然橡胶的产量及价格影响也很大。

4.汇率变动因素

近几年来,由于全球经济动荡,汇率变动频繁,天然橡胶价格,尤其是进出口业务遭受了一定的影响。因此,在关注国际市场天然橡胶行情的时候,一定要关注各国尤其是三大产胶国以及日元对美元的汇率变动情况。有资料表明,通过相关性分析,日元对美元汇率与TOCOM的天然橡胶价格存在一定的相关关系,因此,日元对美元汇率的变动对进口天然橡胶的成本会产生相应影响,从而引起国内胶价的变动。

5.政治因素

政治因素除了包括各国政府对天然橡胶进出口的政策影响外,更重要的是指国际范围内的突发事件,以及已经发生和将要发生的重大事件,例如灾难性事件的发生及可能发生的战争等。政治因素往往会在相关消息传出的短时间内导致天然橡胶价格出现剧烈波动,并且影响其长期价格走势。

6.国际市场交易情况的影响

天然橡胶在国际期货市场已经成为一个成熟的品种,在东南亚各国的期货交易所占有一定的市场份额。因此,天然橡胶期货交易的主要场所,如日本的 TOCOM 和 OME、中国的 SHFE、新加坡的 SICOM、马来西亚的 KLCE 以及泰国的 AFET 等期货交易所的交易价格互相之间也有不同程度的影响。对于国内天然橡胶期货投资者来说,在参与 SHFE 天然橡胶期货交易时,既要关注国外主要天然橡胶期货市场的交易情况,也要关心国内海南、云南、青岛等现货市场的报价情况。

橡胶基本面分析

三、棉花

(一)品种概况

1.品种信息

棉花,是锦葵科棉属植物的种子纤维,原产于亚热带。植株呈灌木状,在热带地区栽培可长到 6 米高,一般为 1—2 米。花朵乳白色,开花后不久转成深红色,然后凋谢,留下绿色小型的蒴果,称为棉铃。棉铃内有棉籽,棉籽上的茸毛从棉籽表皮长出,塞满棉铃内部。棉铃成熟时裂开,露出柔软的纤维。纤维为白色或白中带黄,长 2—4 厘米,含纤维素 87%—90%,水 5%—8%,其他物质 4%—6%。

2.品种分类

根据棉花物理形态的不同,分为籽棉和皮棉。棉农从棉棵上摘下的棉花叫籽棉,籽棉经过去籽加工后的棉花叫皮棉。通常所说的棉花产量,指的是皮棉产量。根据加工用机械的不同,棉花分为锯齿棉和皮辊棉。锯齿轧花机加工出来的皮棉叫锯齿棉,皮辊轧花机加工出来的皮棉叫皮辊棉。皮辊轧花机生产效率低,加工出来的棉花杂质含量高,但对棉纤维无损伤,纤维相对较长;锯齿轧花机加工出来的皮棉杂质含量低,生产效率高,但对棉花纤维有一定的损伤。目前细绒棉基本上都是锯齿棉,长绒棉一般为皮辊棉。

(二)交割等级

标准品符合《棉花 第 1 部分:锯齿加工细绒棉》(GB 1103.1—2012)规定的 3128B 级,且长度整齐度为 U3 档,断裂比强度为 S3 档,轧工质量为 P2 档。

替代品符合《棉花　第1部分:锯齿加工细绒棉》(GB 1103.1—2012)规定,颜色级为11、21、41、12、22级,平均长度级为27毫米、29毫米及以上,长度整齐度为U1、U2、U4档,主体马克隆值级为A级、C级C2档,断裂比强度为S1、S2、S4档,轧工质量为P1、P3档。

(三)价格影响因素

1.供求关系

产量直接决定当期市场的供给能力。中国是世界上种植棉花较早的国家之一,目前国内种植的棉花多为陆地棉种,即细绒棉,新疆还种植有少量海岛棉,即长绒棉,中国80%以上的棉花都产自新疆。中国、印度和美国是世界棉花市场影响力最大的3个国家。

国内对棉花的消费主要来自纺织业,我国95%的棉花用于纺纱,江苏、浙江、山东、湖北为棉花的主要消费省。

进出口量能够直接改变供应量。进口量越大,国内可供应量就越大,则国内市场价格可能会下跌;出口量越大,国内可供应量就越小,国内市场价格就可能回升。因此投资者应密切关注实际进出口量的变化,及时了解和掌握国际棉花形势、价格水平、进出口政策的变化等。

2.国家政策

国家的宏观经济政策、行业组织政策、收/放储政策、农业补贴政策和纺织品进出口政策都会对棉花价格产生影响。国家的收储、轮储政策能够改变市场的供应关系,从而影响棉价走势。2010—2013年,我国棉花市场价格出现大幅波动,棉纺织企业因为成本高企而生存艰难,企业开工率下滑,库存不断攀升,国家由此实行了收储政策,使国内棉花价格得到保障。2015—2017年,棉市场供应出现结构性紧缺,价格上涨过快,国家启动了储备棉的抛售政策,让棉花价格市场化,缩小了国内外棉价的差距。

3.替代品

化纤是棉纱的主要替代品。化纤价格的变化,直接影响棉纱的需求,间接影响棉花的需求量和棉花价格。近两年,国内外棉花价格大涨,导致棉纱价格上扬,化纤的需求量增加。

4.天气因素

从历年的情况看,8月、9月、10月的天气情况是决定棉花产量和质量的关键因素,也是投资棉花期货要关注的首要因素。

棉花基本面分析

案例分析

　　2020年10月21日,BCI(一个名为"瑞士良好棉花发展协会"的组织)发表了一份英文声明,声明宣称"新疆持续存在强迫劳动和其他侵犯人权的指控,以及在农场层面上不断增加的强迫劳动风险,导致经营环境难以维持",因此,BCI决定"立即停止在该地区的所有实地活动"。H&M以新疆地区存在"强迫劳动"为借口,禁止集团与新疆地区的服装厂合作,并不再从新疆地区采购任何原材料和产品。紧接着新疆棉陆续受到阿迪达斯、耐克、ZARA等多个西方时尚巨头的抱团打压。外交部发言人汪文斌发言:我们坚决反对一些在中国区域的零售商业品牌打着商业的幌子进行一系列政治操作,违反国际贸易准则,破坏世界市场的产业链、供应链。

专业知识: 棉花产业链、我国棉花产量分布、新疆棉花种植情况。

思考题:

　　1.请了解世界棉花产量情况。

　　2.请了解我国棉花种植分布情况。

　　3.请分析棉花的产业链。

　　4.请简述该事件对我国棉花产业的影响。我国应如何应对美英扰乱新疆稳定和发展的局面?

新疆棉花事件带给我们的深层次思考

大宗商品基本面分析章节测试

第四章　大宗商品技术分析方法

育人目标

通过对"原油宝"案例的分析,培养学生的诚信服务意识,使学生能坚持客观公正,具备国际视角、风险意识,夯实专业基础。

知识目标

通过对本章的学习,理解技术分析的定义,掌握技术分析的三个基本假设和技术分析与基本面分析的关系及区别,了解技术分析在股市和期货市场中的区别,了解技术分析的主要理论,包括道氏理论、艾略特波浪理论。

能力目标

熟练操作交易软件,具备下单交易和数据查询的操作能力。

技术分析师认为市场价格会对所有的信息做出反应,所以,比起对新闻事件等外部原因的分析,更偏向于内部分析。价格行为亦惯于重复其本身的模式,因为投资者会集体地倾向某个制式的行为,因此,技术分析师专注于价格趋势和形态的分析。

第一节　技术分析理论基础

一、技术分析的定义

技术分析是以预测市场价格变化的未来趋势为目的,以图标研究为主要手段对市场行为进行的研究。市场行为有三方面的含义——价格、交易量和持仓兴趣,它们是分析者通常能够获得的信息来源。另一个概念"价格变化"虽然也常用,但定义太狭窄了,因为大多数分析者也把交易量和持仓兴趣用作分析资料的一部分。

二、技术分析的基本假设

技术分析有 3 个基本假设（前提条件）：市场行为包容消化一切、价格以趋势方式演变和历史会重演。

（一）市场行为包容消化一切

"市场行为包容消化一切"构成了技术分析的基础。除非投资者已经完全理解并接受这个前提条件，否则以下的讨论毫无意义。技术分析者认为，能够影响某种商品价格的任何因素，比如基础因素、政治因素、心理因素等，实际上都已经反映在其价格之中了。由此推论，研究价格变化就是我们必须做的事情。

这个前提的实质含义其实就是价格变化必定反映供求关系。如果供不应求，价格必然上涨；如果供过于求，价格必然下跌。这个供求规律是所有经济的、基础的预测方法的出发点。把这句话反过来说，只要价格上涨，不论是什么具体的原因，需求一定超过供给，从经济基础上说必定看好；如果价格下跌，从经济基础上说必定看淡。这段话基本面分析的味道很浓，不过大可不必太过惊讶。归根结底，技术分析者不过是通过价格间接地研究经济基础。大多数技术派人士也会同意，正是根本的供求关系，即某种商品的经济基础决定了该商品的市场看涨或者看跌。图表本身并不能导致市场的升跌，只是简明地显示了市场上流行的乐观或悲观的心态。

图表派通常不理会价格涨落的原因，而且在价格趋势形成的早期或者市场正处在关键转折点的时候，往往没人确切了解市场为什么如此这般古怪地运动。恰恰是在这种至关紧要的时刻，技术分析者常常另辟蹊径、一语中的，所以随着投资者市场经验日益丰富，会越常遇上这种情况，"市场行为包容消化一切"这一点就越发显出不可抗拒的能力。

顺理成章，既然影响市场价格的所有因素最终必定要通过市场价格反映出来，那么研究价格就足够了。实际上技术分析师只不过是通过研究价格图表及大量的辅助技术指标，让市场自己揭示它最可能的走势，而并不是凭他的精明"征服"市场。所有技术工具只不过是市场分析的辅助手段。

（二）价格以趋势方式演变

趋势概念是技术分析的核心。还是那句话，除非投资者也接受这第二个前提，否则就不必再读下去。研究价格图标的全部意义，就是要在一个趋势发生发展的早期准确地把它揭示出来，从而达到顺着趋势交易的目的。事实上，本书的绝大部分理论在本质上就是顺应趋势，即以判定和追随既成趋势为目的，如图 4-1 所示的上升趋势。

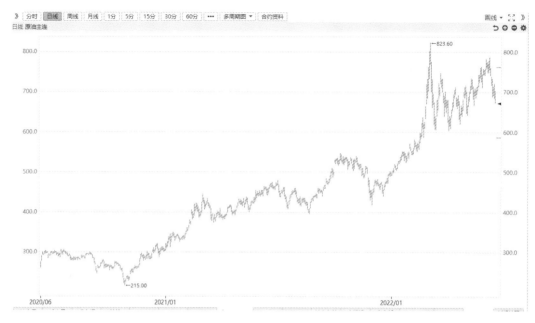

图 4-1 上升趋势的示例

从"价格以趋势方式演变"这一点可以自然而然地推断,对于一个既成的趋势来说,下一步常常是沿着现存趋势方向继续演变,而掉头反向的可能性要小得多。这当然也是牛顿惯性定律的应用。还可以换个说法:当前趋势将一直持续到掉头反向为止。虽然这几句差不多是车轱辘话,但反复强调的无非只有一个意思:坚定不移地顺应一个既成趋势,直至有反转的征兆为止。这就是趋势顺应理论的源头。

(三)历史会重演

技术分析和市场行为学与人类心理学有着千丝万缕的联系。比如价格形态,它们通过一些待定的价格图标形状表现出来,而这些图形表示了人们对某市场看好或看淡的心理。其实这些图形在过去的 100 多年里早已广为人知,并被分门别类了。既然它们在过去很管用,就不妨认为它们在未来同样有效。因为它们是以人类心理为依据的,而人类心理从来就是"江山易改,本性难移"。"历史会重演"说得具体点就是,打开未来之门的钥匙隐藏在历史里,或者说将来可能会是过去的翻版。

三、技术分析的特点

(一)技术分析与出、入市时机选择

投资决策过程分为两个阶段,先分析市场,而后选择出入市时机。大宗商品期、现货市场的杠杆作用注定了时机是交易成败的关键。投资者即使在把握大趋势上没有出问题,仍然很可能赔钱。因为大宗商品交易所要求的保证金是 5％ 到 20％,价格朝不利的方向发展,即使波动不大,也可能损失大部分乃至全部保证金。比如:大宗

商品市场8％的保证金比率就是指100元的商品价格变动8元,投入的资金要么赚一倍,要么就是亏光。在股票市场上,情况不一样,如果商品价格跌了,不妨先持有股票等等看,但愿有涨回来的一天。不少股票交易商就这么操作,从投机转变成投资。

大宗商品交易商就不能有这种交易理念,"买了走着瞧"的做法是行不通的。在市场预测阶段,技术分析或基本面分析都可采用,但到了选择具体出入市时机的时候,就只能通过技术分析来确定了。这就是说,只要做交易,就得按部就班地完成这两个步骤;哪怕在第一个阶段用的是基本面分析,在第二阶段也还是得用技术分析。

(二)技术分析的灵活性和适应性

技术分析适用于任何交易媒介和任何时间尺度。不管是做股票交易,还是做商品期、现货交易。做商品期、现货,图标派可以随心所欲地同时跟踪多个品种,而基础派往往顾此失彼。经济基础方面的资料太繁杂了,大多数基础分析师只好从一而终,专门研究某种或某类商品,比如谷物或者金属类。我们绝不可忽视这个差别。

市场有时平平淡淡,有时高潮迭起,既有趋势明朗的情况,也有杂乱无章的阶段。技术派可以集中精力和资源,专门对付趋势良好的市场,暂且不理会其他趋势不明者。这样,技术派在市场上轮流投资操作各种商品,交替活跃。而基础派多是品种"专家",只能专注于一个品种的分析。

技术派的另一个优势是"既见树木又见森林",他们能同时跟踪所有市场,对商品市场在总体上有很好的把握,避免了从一而终所致的管窥蠡测、坐井观天的毛病。而且许多期货之间存在着内在的联系,对类似的经济因素也会做出相互关联的反应,因此它们之间在价格变化上可以互为线索,相互参照。

(三)技术分析适用于各种交易市场

图标分析原则既适用于期、现货,也适用于股市。它实际上起源于股市分析,后来才被移植到期货市场,如今股票指数期货已经上市,两个市场之间的界限正飞快地消失。各国股票市场也引入了图表及其分析原理。

几十年来,金融期货,包括利率和汇率期货大行其道,图表分析理论在这些市场上如鱼得水。

技术分析原则在套头交易(差价交易)和期权交易中也有用武之地。另外,商业保值也需要考虑价格未来走向,因而技术分析同样能发挥所长。

(四)技术分析适用于各种时间尺度

图表分析的另一个优点是它能应用在不同的时间尺度之下。无论是研究一天以内的价格变化做日内交易,还是顺应趋势做中等期限的跟势交易,都可以采用相同的原理。目前较长期技术预测还往往被忽视。有人说图表分析只适合短时间域,这是无稽之谈。也有人说基本面分析适合做长期预测,而技术分析用于短线的时机选择更好。实践证明,使用周线图或月线图解决长期预报问题也毫不逊色。

(五)技术分析与经济预测

许多人以为技术分析相对冷僻狭隘,或者把它理解成专门对付股票、期货的高度专业化的工具。实际上它的基本理论完全能够应用到对经济形势的预测上来,只不过迄今为止这方面的前景还没有被充分地认识到。

技术分析预测的是金融市场的未来轨迹。这对预测经济有价值吗?请看《华尔街日报》刊登的《近来债券价格快步上涨,而它历来是经济转折的优良先行指标》(1982 年 9 月 28 日)。文章通过广泛的历史记录有力地表明,债券价格是经济滑坡或回升的显著征兆。作者写道:"它作为征兆明显优于股票价格,就事论事,也大大胜过官方公布的各种先行指标。"

综合上述内容可以清楚地看出,技术分析这一预测工具应用价值很高,用于研究黄金或大豆价格走向等问题只是牛刀小试而已。当然,也要清楚,技术分析在预测一般经济趋势上虽然有广阔前景,但还有待开发利用。

技术分析基础理论课程视频

第二节　技术分析在股市和大宗商品市场中的应用比较

常常有人问技术分析在股市和大宗商品期、现货市场上的用法是不是一样,答案为既是也不是。基本原理是共同的,使用的基本工具也一样,比如价格形态、交易量、趋势线、移动平均线和摆动指数等等。只要在一个市场上学会运用这些基本知识,就能轻车熟路地适应另外一个市场。当然股票市场和大宗商品市场毕竟有本质区别,要说技术分析在它们那里的差别,也就是由两个市场本身的先天特征造成的一般意义上的不同,工具本身是没有什么分别的。

一、标价方式

商品的标价方式比股票复杂很多。每种商品都按特定的单位标价,并制定价格增减的最基本幅度。举例来说,在国际市场上,谷物市场的标价方式是每蒲式耳若干美分,金银是每盎司若干美元,利率是基本点数,等等。交易商必须明了每个市场的具体情况。比如,在哪个交易所上市,合约如何标价,最大和最少的价格变化单位是多少,每张合约每基本单位价格变化相当于多少金额的出入,等等。

二、具有一定的有效期限

商品期货合约都有交割日期，股票则不然。交易商事先必须清楚哪种值得买卖，哪种则应避开。有效期特点给长期价格预测增加了难度。每当旧合约期满新合约上市，总不得不相应地从头开始画图，而且过期合约的旧图表用处不大，新图表连同各项新的技术参数都得重砌炉灶。市场上推陈出新不要紧，但要想维持一个长期图表就实在棘手。即使有计算机帮忙，也必须从零开始，花费可观的人力物力来更新资料。

三、保证金交易

保证金交易是最关键的因素。大部分期、现货都以保证金方式交易，保证金比例在5％—20％之间。较低的保证金水平导致了较高的杠杆效应。价格不管朝哪个方向，哪怕只变化一点点，都会影响总的盈亏。正因如此，在大宗商品期、现货市场上可能在很短的时间内赚或者赔一大笔钱。既然交易者只拿出10％的押金，却做了100％的交易，那么10％的价格变化就能让他本金翻倍，或者让他血本无归。期、现货市场的杠杆效应放大了市场动作，使之看起来比实际上更反复无常。从技术分析的角度看，杠杆效应使选择出入市时机这一步骤在期、现货市场比在股票市场更为重要。正确地选择入市和出市的时机是交易成败的关键，所以以技术分析为中心的交易策略才成为期、现货交易成败攸关、不可或缺的关键。

四、时间域大为缩小

在杠杆效应作用下，期、现货投资商必须密切关注市场的一举一动，因此所关心的时间域必然也细致入微。与此不同，股市分析者喜欢更长时间的图标，研究更长时间的问题。他们也许要预测的是3个月或半年后的市场。期、现货商想知道的则是下周、明天乃至下午的形势如何，所以所提炼出的一些具有即时效用的工具，股市分析师或许闻所未闻。移动平均线便是一例。在股市分析中用得最广泛的是30周或者200天的平均线，而在期、现货市场，绝大多数在40天以下，其中流行的移动平均线组合是4天、9天和18天。

五、时机更为紧要

对大宗商品期、现货投资商而言，时机决定一切。正确判别市场方向仅仅只是投资分析的一小部分。入市时间相差一天，有时甚至仅几分钟，结果可能就是成与败的天壤之别，截然不同。弄错了市场趋势而赔了钱固然糟糕，然而大方向没错却依然损兵折将才是期货交易最令人沮丧、畏缩的地方。基础性因素很少一天一变，所以毋庸置疑，时机抉择问题实质上纯粹是技术性的。

六、广泛商品价格平均指数用得较少

股票平均价格指数的变化是极为引人注目的,比如道琼斯平均指数或者标准普尔指数。实际上这是所有股市分析的起点。大宗商品市场一般并非如此。尽管也有一些代表商品市场总体价格方向的指数,比如商品研究局期货价格指数(CRB)也广受注意,但它们没有股票指数那样显要。

七、广泛性技术信号在大宗商品市场用得较少

股市分析中广泛性技术信号很重要,例如涨跌线、新高新低指数、空头动向比等,但它们在期、现货市场不流行。这倒不是因为它们的理论和实践压根不适合期货,只是迄今为止还用不着它们。也许有一天期货种类大为增加,就有必要借助这些广泛性技术信号来判断市场总体运动了。

期、现货市场中的技术分析是更为纯粹的价格研究。虽然相反意见理论在一定范围内不无长处,但基本趋势分析和传统技术指标的应用更为关键。

技术分析在股市和大宗商品
市场中的应用比较课程视频

第三节　技术分析主要理论

一、道氏理论

(一)道氏理论的形成过程

道氏理论至今已有 100 多年的历史。该理论起初来源于查尔斯·亨利·道在《华尔街日报》上发表的股票评论,那是道氏理论的雏形。随后,《华尔街日报》记者将道氏见解编成《投机初步》一书,书中正式定名"道氏理论"。查尔斯·亨利·道去世以后,威廉·皮特·汉密尔顿和罗伯特·雷亚继承了道氏理论。汉密尔顿在 1922 年出版了《股市晴雨表》,集中论述了道氏理论的精华,并使道氏理论具备较为详细的内容与正式的结构。而雷亚则将成交量的观念正式引入道氏理论,使价格预测又多了一个判断依据,并在 1932 年出版了《道氏理论》。

因而,我们一般所称的道氏理论,是道、汉密尔顿和雷亚三人共同研究的结果。

它是以道氏为首、集三人之精华的创造性研究成果。

(二)道氏理论的三大假设

1.假设一:主要趋势不会受到人为的操作

总的来说就是,道氏认为由于市场太庞大,任何人想要长期操作都是不可能的,但若对日间波动或者次级运动进行操纵,那还是有一定的可能性的。比如说玉米价格受到短期震荡,再加上一些报纸杂志头版头条大肆渲染,这就有可能被一些散户理解为大涨或者大跌而迅速跟进。此时市场的确受到冲击或者"操纵",但是人为的操纵绝对不足以影响到玉米期货的长期走势。再如,在现在中国 A 股市场上每天都会有数千亿的成交量,要说少数人在这种市场上呼风唤雨,是根本不现实的。综合而言,人为操纵是无法撼动市场的主要趋势的。

2.假设二:市场价格指数(道氏原著中主要是指铁路指数和工业指数)反映每一条信息

该假设说明了道氏理论的一个道理,就是道氏归属于"市场永远是对的"一派,它认为市场指数能够预测未来事件,并且能够有效反映其影响。举个简单例子,比如说今天的股市是大跌的,从而我们看到,人们对市场的判断是以做空为主的;还有如果今天发生了什么国家大事,其影响也会迅速在指数价格中反映出来。从中也可以得出,市场预测的成功与否在于所收集到的信息。比如,经过调查、思考、评估,最后汇总有用信息得出结论——军工板块不久会上涨,这就表现了股市的预期性,而不久后这个板块也许就真的迎来了利好消息。

3.假设三:道氏理论是客观化的分析理论(道氏理论并非万能)

道氏理论并非万能,试想,若它万能的话,就会有人永远能够精确判断股市,那股市中也就没有输赢之分了。掌握道氏理论最主要的是要先经过深入的学习研究,再加以实战操作。在股市中,你如果不想亏损,切忌把自己的主观意愿强加在对股市的判断中,或过分依赖道氏理论,应该持客观的态度运用道氏理论。在这里说一个经典例子,就是汉密尔顿本人出现过的一次严重判断失误。那时候的他将牛市中的次级回调解释为熊市,之所以出现失误,是因为汉密尔顿在主观情感上认为熊市近在眼前,他的主观想法严重影响到他对股市晴雨表的客观判断,后果可想而知。

(三)道氏理论的主要原理

(1)市场价格指数可以解释和反映市场的大部分行为。

(2)市场波动的三种趋势。道氏理论认为价格的波动尽管表现形式不同,但是最终可以将它们分为三种趋势,即主要趋势、次要趋势和短暂趋势。

(3)交易量在确定趋势中的作用。趋势的反转点是确定投资的关键。交易量提供的信息有助于我们解决一些令人困惑的市场行为。

（4）收盘价是最重要的价格。道氏理论认为所有价格中,收盘价最重要,甚至认为只需要收盘价,不需要用别的价格。

二、艾略特波浪理论

（一）波浪理论的基本思想

波浪理论的全称是艾略特波浪理论,是以美国人拉尔夫·纳尔逊·艾略特的名字命名的一种技术分析理论。

艾略特波浪理论是以周期为基础的。他把价格运动分成时间长短不同的各种周期,并指出,在一个大周期之中可能存在一些小周期,而小的周期又可以再细分成更小的周期。每个周期无论时间长短,都是以一种模式进行。这个模式就是下文将要介绍的8个过程,即每个周期都是由上升（或下降）的5个过程和下降（或上升）的3个过程组成。这8个过程完结以后,我们才能说这个周期已经结束,将进入另一个周期。新的周期仍然遵循上述的模式。这是艾略特波浪理论的核心内容,也是艾略特作为波浪理论奠基人所做出的最为突出的贡献。

（二）波浪理论价格走势的基本形态结构

通过多年的实践,艾略特发现每一个价格运动周期（无论是上升还是下降）均可以分成8个过程,这8个过程一结束,一次大的价格运动就结束了,紧接着的将是下一次大的价格运动。现以上升阶段为例,说明价格周期的8个过程。

图4-2是一个上升阶段的8个过程,也称为8浪过程。0—1是第1浪,1—2是第2浪,2—3是第3浪,3—4是第4浪,4—5是第5浪。这5浪中,第1浪、第3浪和第5浪称为上升主浪,而第2浪和第4浪称为第1浪和第3浪的调整浪。上述5浪完成后,紧接着会出现一个3浪的向下调整,这3浪是:从5到a为a浪、从a到b为b浪、从b到c为c浪。

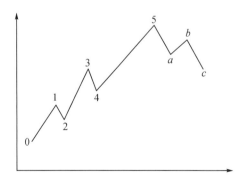

图4-2 8浪结构的基本形态图

考虑波浪理论必须弄清一个完整周期的规模大小。因为趋势是有层次的,每个层次的不同取法,可能会导致我们在使用波浪理论时发生混乱。但是,我们应该记住,无论我们所研究的趋势是何种规模,是原始主要趋势,还是日常小趋势,8浪的基本形态结构是不会变化的。

在图4-2中,从0到5可以看成一个大的上升趋势,而从5到c可以认为是一个大的下降趋势。如果认为这是2浪的话,那么c之后一定还会有上升的过程,只不过时间可能要等很久。这里的2浪只不过是一个更大的8浪结构中的一部分。

(三)应用波浪理论要考虑的因素

应用波浪理论要考虑的因素主要有三个方面:第一,价格走势所形成的形态;第二,价格走势图中各个高点和低点所处的相对位置;第三,完成某个形态所经历的时间长短。

在这三个方面中,价格的形态是最重要的,它是指波浪的形态和结构,是波浪理论赖以生存的基础。

高点和低点所处的相对位置是波浪理论中各个浪的开始和结束位置。通过计算这些位置,可以弄清楚各个波浪之间的相互关系,确定价格的回撤点和将来价格可能达到的位置。

完成某个形态的时间可以让我们预先知道某个大趋势即将来临。波浪理论中各个波浪之间在时间上是相互联系的,用时间可以验证某个波浪形态是否已经形成。

以上三个方面可以简单地概括为形态、比例和时间。这是波浪理论首先应考虑的,其中以形态最为重要。

三、江恩理论

威廉·江恩是20世纪最著名的投资家之一,在股票和商品期货市场中均取得骄人成绩。被誉为"投资大师"的江恩,于1878年6月6日出生于美国得克萨斯州的拉夫金市。在江恩的投资生涯中,平均成功率曾经高达88%。

江恩相信股票、期货市场里也存在着宇宙中的自然规则,市场的价格运行趋势不是杂乱的,而是可通过数学方法预测的。江恩的数学方程并不复杂,其实质就是价格运动必然遵守支撑线和阻力线,也就是江恩线。

江恩通过对数学、几何学、天文学的综合运用建立了独特的分析方法和测市理论,包括江恩时间法则、江恩价格法则和江恩线等。江恩构造了圆形图来预测价格运行的时间周期,用方形图来预测具体的价格点位,用角度线来预测价格的支撑位和压力位,而江恩轮中轮则将时间和价位相结合进行预测。

四、循环周期理论

循环周期理论认为,无论怎么样的价格波动,都不会向一个方向永远走下去。价格的波动过程必然产生局部的高点和低点,这些高低点的出现,在时间上有一定的规律,并呈现周期性变化。因而,投资者可以选择在低点出现时做多买入,在高点出现时做空卖出,在价格波动周期中获取收益。

常见的时间周期一般可分为长周期(长度为 2 年或 2 年以上,较适用于工业品)、季节性周期(1 年左右,较适用于农产品)、基本周期或中等周期(9 周到 26 周)、短周期或交易周期(4 周左右)。

五、相反理论

相反理论认为,期货市场自身并不会创造新的价值。既然期货市场赚钱的只是少部分人,投资者要博取较大风险收益,其交易行为和头寸一定要同大多数投资者相反,才能获得成功。

相反理论秉承的基本操作原则是,在市场上大多数投资者在高位蜂拥做多时,选择做空卖出;在市场上大多数投资者在低位蜂拥做空时,选择做多买入。依据相反理论交易的投资者期望在趋势的反转中获取较大收益。

案例分析

中国银行于 2018 年 1 月开办"原油宝"产品,为境内个人客户提供挂钩境外原油期货的交易服务。其中,美国原油品种挂钩芝加哥商品交易所(CME)的得州轻质原油(WTI)期货首行合约。2020 年受新冠疫情、地缘政治、短期经济冲击等综合因素的影响,国际商品市场波动剧烈。美国原油期货的价格从 2020 年 1 月开始,一路从 60 美元/桶的高价,下跌到了 3 月的 20 美元/桶。4 月 22 日早上,中国银行发布公告称,20 日 WTI 原油 5 月期货合约 CME 官方结算价−37.63 美元/桶(人民币价格为−266.12 元/桶)为有效价格。同时,自 4 月 22 日起暂停客户的"原油宝"新开仓交易,客户和中国银行都蒙受损失,由此触发"原油宝"事件。据网上晒出来的消息,有投资者亏损高达 920 万元。

专业知识:期货和现货、多头和空头、标准合约、WTI 原油期货和布伦特原油、建仓和持仓、平仓和强制平仓、移仓换月与实物交割、穿仓和弃仓。

思考题:

1.请简述"原油宝"产品交易原理。

2.请梳理"原油宝"事件始末。

3.请分析"原油宝"事件出现的原因。

4.请总结"原油宝"存在的问题。

中国银行"原油宝"事件，
一场资本的精准狙击

大宗商品技术分析方法 PPT

大宗商品技术分析方法章节测试

第五章 图标简介

 育人目标

通过对老鼠仓案例的分析,培养学生的商业诚信意识,使其遵守基金从业法规,不损人利己,夯实技术分析基础。

知识目标

通过对本章的学习,掌握 K 线的制作方法,了解 K 线分类和 K 线的作用,掌握 K 线基本形态的分析方法和 K 线组合的分析方法。

能力目标

具备对日 K 线和 K 线组合的分析能力。

本章先讲解现有图标的各种不同类型,再集中研究其中使用得最广泛的日线图。我们也将介绍怎样理解价格数据,进而说明如何作图。此外还要讲述交易量和持仓兴趣两个概念。接下来再说说线图的其余种类,比如属于长期性质的周线图和月线图,还有以小于一天的时间为单位的日内线图。有了上述预备知识后,在随后的几章将讨论分析线图的几种工具。

第一节 现有图标简介

众所周知,日线图在大宗商品期、现货交易中使用最广。不过技术分析师也使用其余类型的图标,这里要说两种:点数图和单线图。图 5-1 是一张标准的日线图。以"线图"为名是指这类图标以竖直的线段表示每一天的价格变化。从日线图的每一根竖直线段上,通常可以看出当天的开市价、最高价、最低价和收市价。每根竖直线段上向右伸出的小横线标志着当日收市价位。一部分技术分析师也开始采纳开市价,把它标在线段的左侧,如本图所示。但大部分技术分析师都认为开市价的分析意义不大,所以仅采用了当天的最高价、最低价和收市价。

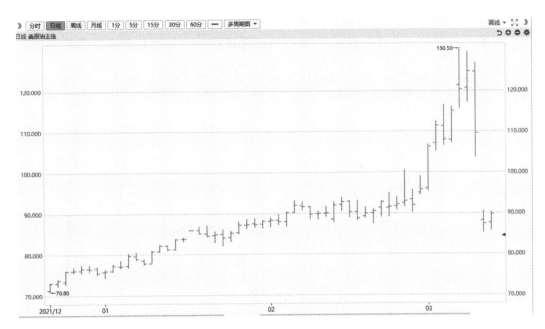

图 5-1　美国原油 2021 年上半年的日线图

　　以收市价图的形式重画上面的日线图,得到图 5-2。在收市价图上,只要逐日作出各个收市价所在的点,然后简单地连线即可。因为收市价是每个交易日最重要的价格,所以不少技术分析师觉得这种收市价图能更有效地展示价格变化。根据分析者的不同需要,某些分析手段用在收市价图上更简明。

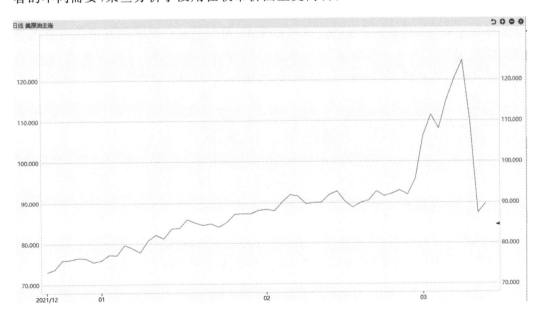

图 5-2　美国原油 2021 年上半年的收市价图

　　宝塔线图是第三个类别。如图 5-3 所示,宝塔线指标 TOWER 是以不同颜色(或虚实体)的棒线来区分价格涨跌的一种图标型指标。它主要是将价格多空之间争斗的过程和力量的转变表现在图标中,借以研判未来价格的涨跌趋势及选择适当的买卖时机。

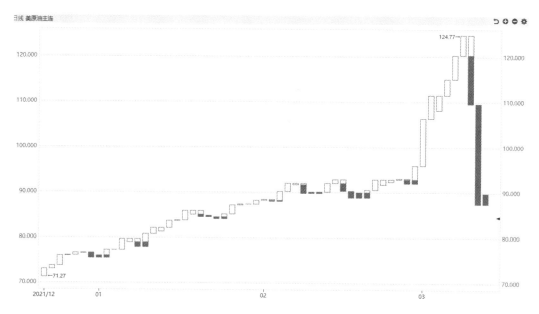

图 5-3　美国原油 2021 年上半年的宝塔线图

上面介绍了 3 种图标,主要通过当日最高价、最低价和收市价来构图,偶尔也用到开市价。但是每天在交易所场内,还有大量交易活动的详细资料,没法在这几种图标上显示出来。如果有机会使用高级图标系统,可以通过以日内时间单位为基础绘制的线图、收市价图和宝塔线图,来获悉每日的市场活动细节。拿线图来说,这些时间单位可以是 5 分钟、15 分钟或 1 小时等,在做短线交易时,这些短线图标妙用无穷。

第二节　K 线图

一、K 线的制作

K 线图又称蜡烛图、日本线、阴阳线、棒线等。常见说法是 K 线起源于日本江户幕府时代(1603—1867 年)的米市交易,最初用来计算米价每天的涨跌。因其标画方法具有独到之处,人们把它引入股票市场价格走势的分析中,经过 300 多年的发展,它已经广泛应用于股票、期货、外汇、期权等投资市场。一条 K 线记录的是某个品种一天的价格变动情况。将每天的 K 线按时间顺序排列在一起,就组成反映这只股票每天价格变动情况的 K 线图,这就叫日 K 线图;将每周、每月的 K 线按时间顺序排列起来,就是周、月 K 线图。

价格的变动主要体现在 4 个价格上,即开市价(O)、最高价(H)、最低价(L)和收市价(C)。4 个价格中,收市价最为重要。

K 线是一条柱状的线条,由影线和实体组成。影线在实体上方的部分叫上影线,在下方的部分叫下影线。实体分阴线和阳线 2 种,又称红(阳)线和绿(阴)线。图 5-4 是 2 个常见 K 线的形状。

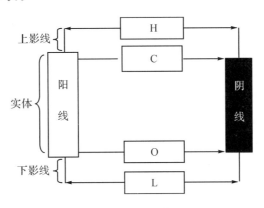

图 5-4 K 线的绘制

图 5-4 中,中间的矩形长条叫实体,上、下伸出的两条细线叫上、下影线。如果收市价高于开市价,则实体为阳线或红线;反之,如果开市价高于收市价,则实体为阴线或绿线。将 4 个价格在坐标纸上一一标出,然后按图 5-4 的方式即可画出。将每个交易日的 K 线连接在一起,就构成反映价格历史情况的 K 线图。

分析原则:实体大小表示多空双方力量的大小,上影线长短表示上档压力的大小,下影线长短表示下档支撑的强弱。

K 线的基础知识课程视频

二、K 线的分类

根据 K 线的计算周期可将其分为日 K 线、周 K 线、月 K 线、日内 K 线。

周 K 线、月 K 线常用于研判中期行情。5 分钟 K 线、15 分钟 K 线、30 分钟 K 线和 60 分钟 K 线等日内 K 线对于短线操作者具有重要的参考价值。

三、K 线的作用

(1)记录行情的历史。

(2)辨别多空双方力量的大小。

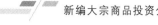

（3）判断行情未来涨跌，为决策提供参考。

四、K 线的基本形态

除了图 5-4 所画 K 线的形状外，由于 4 个价格的不同取值，还会产生其他形状的 K 线，下面介绍几种基本形态。

（一）光头阳线和光头阴线

光头阳线和光头阴线见图 5-5，这是没有上影线的 K 线，当收市价或开市价正好与最高价相等时，就会出现这种 K 线。通常情况下，光头阴线一旦出现，往往预示着行情将会出现某种程度的反转，或者出现某种程度的回调整理，具体属于哪一种，需要结合商品价格所在的位置和升幅加以分析。实战经验表明，如果在高位横盘整理之后或者在商品价格已经有较大升幅之后出现光头阴线，这往往是价格走势出现小逆转的标志性信号之一，投资者需要引起足够的重视。光头阴线实体部分的长短对技术分析具有不可忽视的作用，大光头阴线、中光头阴线、小光头阴线各自所表示的实战意义极不相同，空方动能的大小已经在实体的长短中得到明确的昭示，投资者应当对此有清晰的认识。通常情形下，实体部分越长，越接近跌停状态，越能说明空方的下跃动能的力度巨大。反之，光头阳线形态说明多方积极上攻态势，具体力度的大小要根据阳线实体的大小来定。

图 5-5　光头阳线和光头阴线

（二）光脚阳线和光脚阴线

光脚阳线和光脚阴线见图 5-6，这是没有下影线的 K 线，当收市价或开市价正好与最低价相等时，就会出现这种 K 线。光脚阴线是一种带上影线的阴实体，出现时收市价即成为全日最低价。开市后，买方稍占据优势，商品价格出现一定涨幅，但上档抛压沉重，空方趁势打压，使商品价格最终以阴线报收。一般来说，如果在低价位区域出现光脚阴线，表明买方开始聚积上攻的能量，但卖方仍占有优势。如果在高价位区域出现光脚阴线，表明买方上攻的能量已经衰竭，卖方的做空能量不断增强，且占据主动地位，行情有可能在此发生逆转。光脚阳线是一种不带或带少许上影线的阳实体。如果在低价位区域出现光脚阳线，且实体部分比上影线长，表明买方开始积聚上攻的能量，进行第一次试盘。如果在高价位区域出现光脚阳线，且实体部分比上影线短，表明买方上攻的能量开始衰竭，卖方的能量不断增强，行情有可能在此发生逆转。大阴线表示下跌幅度非常大，代表着跌势凶猛，后势很可能会继续下跌。

图 5-6　光脚阳线和光脚阴线

(三)光头光脚的阳线和阴线

光头光脚的阳线和阴线见图 5-7,这种 K 线既没有上影线也没有下影线,当开市价和收市价分别与最高价和最低价相等时,就会出现这种 K 线。光头光脚阳线意味价格一路上扬直至收盘,买方疯狂涌进,不限价买进,市场呈现高潮,出现供不应求的局面。光头光脚阴线是市场一面倒,下跌直至收市,空头不限价疯狂减仓,造成恐慌心理,市场处于低潮。

图 5-7　光头光脚阳线和阴线

(四)十字星

当收市价与开市价相同时,就会出现十字星,这种 K 线的特点是没有实体。无实体意味着买卖双方力量对比的不确定性。十字星是一种特殊的 K 线形态,此形态的出现说明多空双方争夺激烈,互不相让。上下影线的长度对分析形态也具有非常重要的指导意义,通常影线越长,表示多空双方争夺越激烈,行情一旦确认,商品价格的趋势发展时间也会越长。十字星通常有两种作用:确认行情和确认反转。这两种情况分别称为"整固十字星"和"反转十字星"。反转十字星的规模比整固十字星大(即上下影线较长),多出现在顶部或底部。整固十字星形态较小,上下影线较短,多出现在趋势中部。

图 5-8　十字星

(五)T 字形(蜻蜓线)和倒 T 字形(墓碑线)

T 字形(蜻蜓线)和倒 T 字形(墓碑线)见图 5-9,在十字星的基础上,如果再加上光头和光脚的条件,就会出现这两种 K 线。它们没有实体,而且没有上影线或者没有下影线,形状像英文字母 T。T 字形(蜻蜓线)下影线表示商品价格在低位受到了买方的支撑,开市后全天处于低位,但收市时又回到了开市价,同时也是当天的最高价格,意味着价格在底部受到买方支撑,具有强烈的上升含义。倒 T 字形(墓碑线)上影线表示上方所受卖方的抛压较重,价格在开市后全天处于高位,但收市时又回到了开市价,同时也是当天的最低价格,意味着当天反弹失败,具有强烈的下降含义。

图 5-9　T 字形和倒 T 字形

十字星、T 字形、一字线、螺旋桨课程视频

倒锤子线、锤子线、吊颈线和射击之星课程视频

五、K 线组合的含义

K 线图谱中蕴涵着丰富的东方哲学思想,以阴阳之变表现出了多空双方"势"的相互转换。单一的 K 线代表的是多空双方一天之内的战斗结果,不足以反映连续的市场变化,多条 K 线的组合图谱才可能更详尽地表述多空双方一段时间内"势"的转化。多空双方中任何一方突破盘局获得优势,都将形成一段上涨或下跌的行情,这也就是所谓的"势在必行"。而这种行情的不断发展,又为对方积攒着反攻的能量,也就是"盛极而衰"。研究 K 线组合图谱的目的,就是通过观察多空势力强弱盛衰的变化,感受双方势的转化,顺势而为,寻找并参与蓄势待发的底部,抱牢大势所趋的上涨股票,规避强弩之末的顶部风险。K 线图谱要结合成交量和移动平均线共同使用。成交量是多空双方博杀过程中能量损耗的表述,移动平均线则是双方进攻与退守的一道道防线。这种图形组合是东方哲学与西方统计学的完美结合。以下结合图例分别介绍。

(一)早晨之星

早晨之星是由 3 根 K 线组成的 K 线组合形态,它是一种行情见底转势的形态。这种形态如果出现在下降趋势中应引起注意,因为此时趋势已发出比较明确的反转信号,显示这是一个非常好的买入时机。

早晨之星的形态特征如图 5-10 所示。

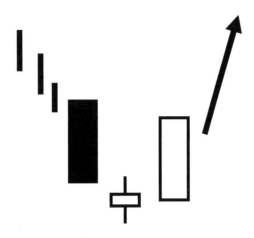

图 5-10 早晨之星

早晨之星的特征用文字描述如下:

(1)在下降趋势中某一天出现一根抛压强劲的长阴实体,显示短期走势可能会仍然向下,跌势可能会继续。

(2)第二天出现一个向下跳空低开的十字形或锤形,且最高价可能低于第一天的最低价,与第一天的阴线之间产生一个缺口,显示跌幅及波幅已略有收缩,带来可能转好的信号。具体的第二根 K 线的位置有时会不同,需要我们灵活把握。

(3)第三天出现一根长阳实体,买盘强劲,显示市况已转好,逐步收复失地。

早晨之星的 K 线形式一般出现在下降趋势的末端,是一个较强烈的趋势反转信号(见图 5-11),谨慎的投资者可以结合成交量和其他指标分析,得出相应的投资参考。

图 5-11 沪铝连三 K 线图

(二)黄昏之星

黄昏之星是一种类似早晨之星的 K 线组合形式,可以认为是后者的翻转形式,因此黄昏之星在 K 线图中出现的位置也与后者完全不同。图 5-12 是黄昏之星的形态特征。

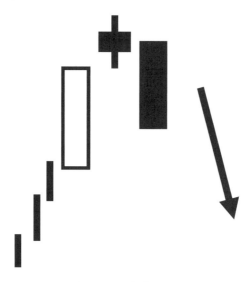

图 5-12　黄昏之星

黄昏之星的特征用文字描述如下:

(1)在上升趋势中某一天出现一根长阳实体,显示出继续上涨的趋势。

(2)次日出现一个向上跳空高开的十字形或锤形,且最低价可能高于头一天的最高价,与前一天的阳线之间产生一个缺口,有时可能会有一些变形,需要我们灵活把握。

(3)第三天出现一根长阴实体,卖盘强劲。

黄昏之星的情况同早晨之星正好相反,它是较强烈的上升趋势中出现反转的信号。黄昏之星的 K 线组合形态如果出现在上升趋势中应引起注意,因为此时趋势已发出比较明确的反转信号或中短期的回调信号,对于我们来说,这可能是非常好的做空时机。此时结合成交量研判,对提高判断的准确性有更好的帮助。黄昏之星在实际 K 线图中的走势情况如图 5-13 所示。

图 5-13　橡胶 1309K 线图

(三)红三兵

红三兵是一种很常见的 K 线组合,这种 K 线组合出现时,后势看涨的情况居多。尽管如此,我们却很难给红三兵的 K 线组合形式下一个准确的定义,为了便于大家判断,我们还是给出一种常见的特征形式。

具体的 K 线显示情况如图 5-14 所示。

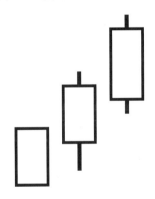

图 5-14　红三兵

红三兵的特征用文字描述如下:

(1)每日的收盘价高于前一日的收盘价。

(2)每日的开盘价在前一日阳线的实体之内。

(3)每日的收盘价在当日的最高点或接近最高点。

在实际使用中,红三兵如果发生在下降趋势中,一般是市场的强烈反转信号;在较长时间的横盘后出现红三兵的走势形态,并且伴随着成交量的逐渐放大,则是商品价格启动的前奏,可密切关注。红三兵在走势中的实例如图 5-15 所示。在实际使用中我们还是要结合盘面情况,进行具体的分析。

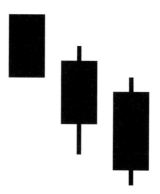

图 5-15　焦炭 K 线图

(四)三只乌鸦

三只乌鸦是红三兵的相反形态。在上升趋势中,三只乌鸦呈阶梯形逐步下降。当出现三只乌鸦的组合形态,表明当前市场要么靠近顶部,要么已经有一段时间处在一个较高的位置了,出现此类 K 线形态一般表明商品价格后势将进一步下跌。

下面我们给出三只乌鸦的具体特征。

(1)在上升趋势中连续三天出现长阴线。

(2)每根阴线的收市价低于前一天的最低价。

(3)每天的开市价在前一大的实体之内。

(4)每天的收市价等于或接近当天的最低价。

具体的 K 线显示情况如图 5-16 所示。

图 5-16　三只乌鸦

在具体的实例中,高位的三只乌鸦是应引起注意的,如图 5-17 中的情况。

图 5-17　橡胶连四 K 线图

(五)双鸦跳空

双鸦跳空的 K 线走势一般出现在一个阶段的头部,其具体的描述如下。商品价格在上升一段时间后,首先出现一根长阳线,使得前期的上升趋势得到延续,但紧接着第二天,商品价格跳空高开后涨势无法继续而收阴,不过前期的向上跳空缺口仍然存在,显示多头仍然有一定的优势。第三日的盘口再次向上跳空,但收市却再度收阴,第三日的阴线吞噬了前一日的阴线。但是同第一日的 K 线相比,仍然有向上跳空缺口。多头在进行连续两天的上攻后都无功而返,使得多头的气势有转弱的迹象,而且发生岛状反转的概率也升高了。

K 线走势如图 5-18 所示。

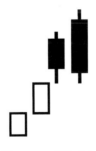

图 5-18　双鸦跳空

当某商品走势中出现双鸦跳空后,我们应对之后的走势时要保持警觉,可以多头获利离场或适当建空仓,等待市场方向更加明确,再做进一步的决定。图 5-19 是该走势在某商品走势中的显示情况。

图 5-19　豆油连续 K 线图

(六)乌云盖顶

乌云盖顶的 K 线组合一般出现在上升趋势中,同刺穿线一样,是明显的趋势反转形态,其中阴线刺进前一根阳线的程度越深,顶部反转的可能性也越大。

下面是乌云盖顶的具体特征。

(1)上升趋势中第一天是继续上涨的长阳线。

(2)第二天出现一根开市价高于第一天最高点的阴线。

(3)第二天的阴线的收市价低于第一天阳线实体的收市价。

具体的 K 线显示情况如图 5-20 所示。

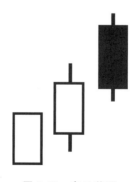

图 5-20　乌云盖顶

在实际 K 线走势中,当出现乌云盖顶的形态时,我们还应结合盘中的其他信息,如成交量是否放大等,这对于我们提高判断的成功率有较大的帮助。

图 5-21　沪锌连续 K 线图

(七)刺穿线

刺穿线与乌云盖顶是相互对应的一种图形,它是发生在下降趋势中的 K 线组合形态。刺穿线的具体特征如下:

(1)下跌趋势中第一天是继续下降的长阴线实体。

(2)第二天出现一根长阳线实体,开市价低于前一天的最低价。

(3)长阳线的收市价在第一天的实体之内,但是高于第一天实体的中点。

当刺穿线出现在下降趋势中,阳线穿入阴线的幅度越大,出现反转的概率越大,具体的组合形态如图 5-22 所示。

图 5-22　刺穿线

在分析商品价格走势的过程中,结合技术指标与成交量进行综合判断(如图 5-23 所示),可以进一步提高交易成功率。

图 5-23　黄金 1403K 线图

K 线组合课程视频(1)

K 线组合课程视频(2)

案例分析

2011 年 3 月 9 日至 2013 年 5 月 30 日期间,马某担任博时基金管理有限公司旗下的博时精选股票证券投资基金经理,全权负责投资基金和投资股票市场,掌握了博时精选股票证券投资基金交易的标的股票、交易时点和交易数量等未公开信息。

马某在任职期间利用其掌控的上述未公开信息,从事与该信息相关的证券交易活动,操作自己控制的股票账户,通过临时购买的不记名移动电话卡下单,先于、同期或稍晚于其管理的博时精选基金账户买入相同股票 76 只,累计成交金额 10.5 亿余元,从中非法获利 1912 万余元。

案发后,马某被判处有期徒刑三年,缓刑五年,并处罚金 1913 万元。该案在当时被称作"国内最大老鼠仓案"。

专业知识:基金、基金经理人、基金从业法规。

思考题:

1.请简述什么是老鼠仓。

2.请简述马某触犯了哪几条法规。

国内最大老鼠仓案

图标简介 PPT

图标简介章节测试

第六章　切线理论

育人目标

帮助学生掌握理论与实践相结合的分析方法,使其可以诚信、独立地完成实验任务,拓展课外知识面。

知识目标

通过对本章的学习,了解趋势的定义、趋势的三个方向和趋势的三种类型,掌握支撑线、压力线、趋势线、管道线和黄金分割线的画法和分析方法。

能力目标

具备对日线图的支撑线、压力线、趋势线、管道线和黄金分割线的分析能力。

第一节　趋势线

一、趋势的定义

在技术分析这种市场研究方法中,趋势的概念绝对是核心内容。技术分析师使用的多种工具,诸如支撑和阻挡水平、价格形态、移动平均线、趋势线等,其唯一的目的就是辅助我们估量市场趋势,从而顺应趋势的方向做交易。在市场上,"永远顺着趋势交易""绝不可逆趋势而动",或者"趋势即良友"等,实在已经是老生常谈了。因此我们要花些功夫,给趋势加以定义和分类。

从一般意义上说,趋势就是市场何去何从的方向。不过,为了便于实际应用,我们需要更具体的定义。在通常情况下,市场不会朝任何方向直来直去,市场运动的特征就是曲折蜿蜒,它的轨迹酷似一系列前赴后继的波浪,具有相当明显的峰和谷。所谓市场趋势,正是由这些波峰和波谷依次上升或下降的方向所构成的。无论这些峰和谷是依次递升,还是依次递降,或者横向延伸,其方向就构成了市场的趋势。所以,我们把上升趋势定义为一系列依次上升的峰和谷,把下降趋势定义为一系列依次下降的峰和谷,把横向延伸趋势定义为一系列依次横向伸展的峰和谷(见图 6-1)。

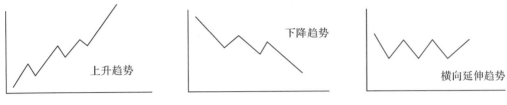

图 6-1 趋势的三个方向

二、趋势的三个方向

我们所说的上升、下降、横向延伸三种趋势都是有充分依据的。许多人习惯上认为市场只有两种趋势,要么上升,要么下降。但是事实上,市场具有三个运动方向——上升、下降及横向延伸。仅就保守的估计来看,至少有三分之一的时间,价格处在横向延伸的形态中。这种水平伸展的状况表明,市场在一段时间内处于均衡状态,也就是说,在这个价格区间中,供求双方的力量达到了相对的平衡。不过,虽然我们把这种盘整的市场定义成横向延伸趋势,但是更通用的说法还是"没有趋势"。

大多数技术工具和系统在本质上都是顺应趋势的,其主要设计意图在于追随上升或下降的市场。当市场进入这种盘整的或者说"没有趋势"的阶段时,它们通常表现拙劣,甚至不起作用。恰恰是在这种市场横向延伸的时期,技术型交易商最易受挫折,而采用交易系统的人也蒙受着最大的损失。顾名思义,对顺应趋势系统来说,首先必须有趋势可循,然后才能施展功用。所以,失败的根源不在于系统本身,而在于交易商,是交易商操作错误,把在趋势市场条件下工作的系统,运用到没有趋势的市场环境之中了。

大宗商品交易商有三种选择——先买后卖(做多头)、先卖后买(做空头)和静观其变。当市场上升的时候,先买后卖当然是上策。而在市场下跌的时候则先卖后买是首选。顺理成章,逢到市场横向延伸的时候,第三个办法静观其变是最明智的。

三、趋势的类型

趋势不但有三个方向,而且通常还可以划分为三种类型,分别是主要趋势、次要趋势和短暂趋势。实际上,在市场上,从覆盖几分钟或数小时的非常短暂的趋势,到延续 50 年乃至 100 年的极长期趋势,随时都有无数个大大小小的趋势并存、共同作用。然而,大多数技术分析人员对趋势的分类仅限于上述三种,那么在不同的分析者之间,对各类趋势的定义就较为混乱。

例如,在道氏理论中,主要趋势实际上是针对长于一年的趋势而言的。因为大宗商品交易商所操作的时间域比股票投资者要短些,所以在大宗商品市场上,我们倾向于认为长于 6 个月便是主要趋势。道氏理论把次要趋势(或中趋势)定义为延续 3 个星期到数月,这在大宗商品市场上也合适。至于短暂趋势,通常被定义成短于 2 个到 3 个星期。

每个趋势都是其上一级更长期趋势的一个组成部分。比如说,中趋势便是主要趋势中的一段调整。在长期的上升趋势中,市场暂缓涨势,先调整数月,再恢复上升,就是一个很好的例子。而这个中趋势本身往往也由一些较短期的波浪构成,呈现出一系列短暂的上升和下降。我们反复强调,每个趋势都是其更长期一级趋势的组成部分,同时它自身也是由更短期的趋势所构成的(见图 6-2)。

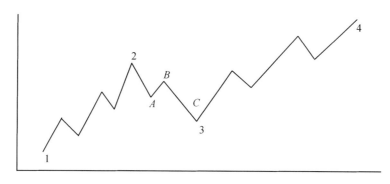

图 6-2　趋势的类型

在图 6-2 中,如点 1、2、3、4 所示,相邻的峰和谷依次上升,从而主要趋势为上升趋势。点 2—3 之间的调整阶段表示了一个调整性次要趋势,它是上升主要趋势的一部分。但请注意,点 2—3 之间的变化同时也由 A、B、C 三个较小波折构成。在点 C,分析者或许会判断主要趋势依然为升势,但次要趋势和短暂趋势却是跌势。在点 4,三个较小趋势均呈升势。趋势具有各种时间规模,埋解它们在时间尺度上的区别是极为重要的。如果有人问你某市场趋势怎样,那么除非你了解此人是针对何种时期而问,否则要回答他,是非常困难的。或许你不得不照上面划分三种趋势类型的办法,来个对号入座。

不同交易商所理解的趋势往往也不同,对长线交易商来说,为时几天乃至几个星期的价格变化也许无关紧要。而在短线交易者看来,持续两三天的上升便构成一个主要的上升趋势了。所以,当我们讨论市场时,首先要弄清楚趋势的时间规模,确认双方所指的是否同一个时间规模。

一般说来,在大宗商品市场上,大多数顺应趋势方法的焦点实际上是中趋势,即可能延续数月者。短暂趋势主要用来选择出入市的时机。在中等的上升趋势中,短暂的回落可以用来建立多头头寸。而在中等的下降趋势中,短暂的反弹可以用来开立空头头寸。

四、支撑和阻挡

支撑是指当商品价格下跌至某一区域时遇到较强的多头买盘，以至于价格不能进一步下跌，甚至还有可能回升的价格区域。

阻挡是指商品价格上涨至某一区域时遇到较强的空头卖盘，以至于价格较难突破的价格区域。

我们把每一波的波谷作为支撑位，用每一波波谷价格画一根水平线。在其下方，买方兴趣强大，足以抗拒卖方形成的压力，所以价格在这里会受到支撑反弹。通常，当前一个向上反弹的低点形成后，就可以确定一个支撑水平了。在图6-3中，点2和点4分别代表上升趋势中的两个支撑水平。

我们把每一波的波峰作为阻挡位，用每一波波峰价格画一根水平线。与支撑相反，在其上方，卖方压力挡住了买方的推进，于是价格由升转跌。阻挡水平通常以前一个峰值为标志。在图6-3中，点1和点3分别是两个阻挡水平。图6-3所示为上升趋势。在上升趋势中，支撑和阻挡水平呈现出逐步上升的态势。图6-4展示的是下降趋势，其中峰和谷都依次降低。在这个下降趋势中，点1和点3为市场下方的支撑水平，点2和点4为市场上方的阻挡水平。

在上升趋势中，阻挡水平意味着上升势头将在此处稍息。但此后它迟早会向上穿越。而在下降趋势中，支撑水平也不足以长久地支撑市场的下滑，不过至少能使之暂时受挫。

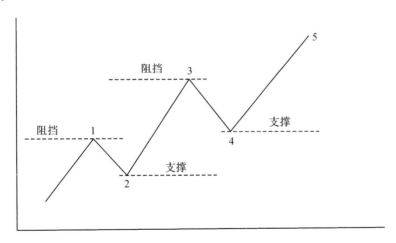

图 6-3　上升趋势中的支撑线和阻挡线

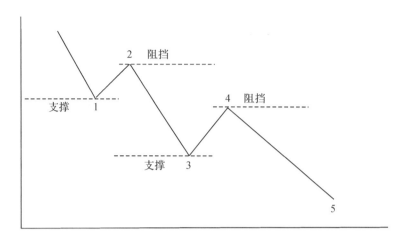

图 6-4　下降趋势中的支撑线和阻挡线

为了完整地理解趋势理论,我们必须切实领会支撑和阻挡这两个概念。如果上升趋势要持续下去,每个相继的低点(支撑水平)就必须高过前一个低点。每个相继的上冲高点(阻挡水平)也非得高过前一个高点不可。在上升趋势中,如果新的一轮调整一直下降到前一个低点的水平,这或许就意味着该上升趋势即将终结或者即将蜕化成横向延伸趋势。如果这个支撑水平被击穿,可能就意味着趋势即将由上升反转为下降。

在上升趋势中,每当市场向上试探前一个峰值却被阻挡的时候,这个上升趋势总是处于极为关键的时刻。一旦在上升趋势中市场不能越过前一个高点,或者在下降趋势中市场无力跌破前一个低谷支撑,现行趋势即将反转的第一个警告信号便出现了。在市场试探这些支撑水平和阻挡水平的过程中,在图上会形成各种图案,这就是所谓的价格形态。

图 6-5 和图 6-6 是趋势反转的典型范例。请注意,在图 6-5 中,价格在点 5,先是无力冲越前一高点(点 3),然后就掉头向下,跌破了点 4 所示的前一个低点。这种趋势反转其实可以简单地通过观察支撑水平和阻挡水平来判别。这类反转形态就是所谓的双重顶。

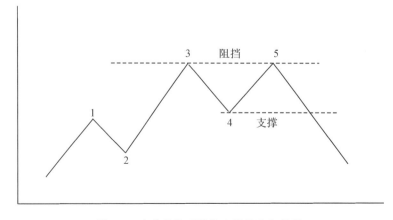

图 6-5　上升趋势反转的支撑线和阻挡线

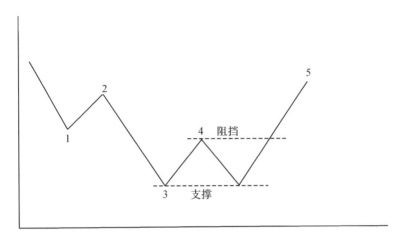

图 6-6　下降趋势反转的支撑线和阻挡线

五、支撑和阻挡互换

到此为止,我们把"支撑"定义为前一个低点,"阻挡"定义为前一个高点。实际上,情况并不始终如此。因为支撑和阻挡之间存在角色互换。只要支撑线或阻挡线被价格突破了,它们就互换角色,阻挡力就变成了支撑力,而支撑力变成了阻挡力。图 6-7 和图 6-8 与图 6-3 和图 6-4 类似,但稍有变化。请注意,在图 6-7 中,随着价格的上升,向上反弹低点 4 出现在高点 1 的价位上或者其上方。点 1 所示的前一个高点曾经是一个阻挡水平,但是这个阻挡线一旦被 3 浪决定性突破后,就转化为支撑水平。图 6-8 展示了价格下跌时对应的情况,点 1 支撑位被跌破后,就演变成阻挡线。

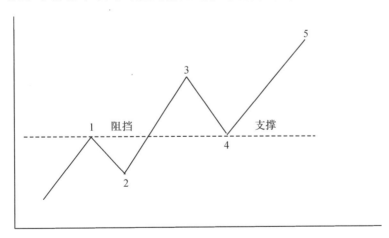

图 6-7　上升趋势中支撑和阻挡互换

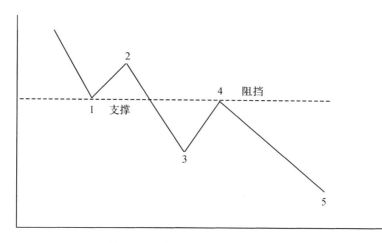

图 6-8　下降趋势中支撑和阻挡互换

价格从支撑水平或阻挡水平弹开的距离越大,则该支撑或阻挡的重要程度也就越强。当支撑线和阻挡线被突破发生角色变换时,这种距离特点尤为突出。在价格突破支撑水平和阻挡水平达到足够程度的情况下,两者才互换角色。但是怎样才算足够呢?在判断这个问题时有相当多的主观色彩。有些技术分析师以突破幅度达10%作为标准,尤其是碰到重要的支撑水平和阻挡水平的时候。短线的支撑和阻挡区域可能只需要非常小的突破幅度比例,比如3%到5%便可以了。实际上,每个分析师都有自己独立的有效突破标准。

课外拓展

在判别支撑和阻挡时,习惯数值很重要

市场倾向于在习惯数上停止上升或下跌。交易商总喜欢以一些重要的习惯数,比如10,20,25,50,75,100(以及100的整数倍),作为价格目标,并相应地采取措施。因而这些习惯数常常成为"心理上的"支撑水平或阻挡水平。根据这个常识,交易者可以在市场接近某个重要习惯数时平仓了结,实现利润。

黄金市场可以作为这种现象的绝好例证。1982年熊市的最低点恰好是300美元。接着在1983年首季,市场大举回升到稍高于500美元的位置,然后又跌退至400美元。1983年底,价格跌破400美元。在之后的6个月里,市场曾3次徒劳无功地向上试探400美元(此时已成为阻挡水平了)。450美元和350美元2个水平也都是重要的支撑区和阻挡区。在300美元以下,下一个长期的支撑区在250美元附近。另外,1974年牛市的最高点曾经接近200美元,而1976年熊市的最低点在100美元。

这一惯例还有个应用,就是说不要将交易指令的水平正好设置在这些明显的习惯数上。比方说,如果交易商试图在上升趋势中趁市场短暂下跌的时机买进,那么把限价指令的水平设置在稍高于某个重要习惯数上理由就很充分。因为其他人都企图在习惯数上买进,市场或许就跌不到那里。如果交易商试图在下降趋势中利用市场向上反弹的机会卖出,就应该把卖出指令的水平安排在稍低于习惯数的位置上。如果我们要对已有的敞口头寸设置保护性止损指令,那么其做法同开立新头寸的时候正好相反。一般说来,我们应该避免把保护性止损指令的水平设置在明显的习惯数上。举例来说,站在卖出一方的交易商,不应该把止损指令放置在4.00美元,而应放在4.01美元。或者反过来,多头头寸的保护指令应当安排在3.48美元而不是3.50美元。

换言之,买盘(多头)的保护指令应低于习惯数,而卖盘(空头)的保护指令应高于习惯数。市场遵循习惯数,特别是这些较重要习惯数的倾向,是其特征之一。这一特征对期货交易颇有助益,因此技术型交易商应该把它熟记于心。

支撑与阻挡课程视频

六、趋势线

趋势线是技术分析师所使用的最简便同时也是最有价值的基本技术工具之一。如图 6-9 所示,上升趋势线是由相继的向上反弹低点联结而成的一条直线,位于相应的价格图线的下侧。下降趋势线是由相继的上冲高点联结而成的,位于价格图线的上侧,如图 6-10 所示。

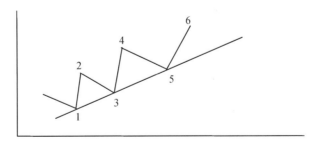

图 6-9　上升趋势线的画法

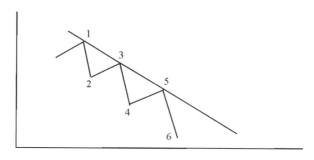

图 6-10　下降趋势线的画法

(一)趋势线作法

正如图标分析的其他方面一样,正确地作趋势线也是一门技艺。通常,为了作恰当的趋势线,我们有必要尝试好几条直线。有时候,一条趋势线起初貌似正确,最终却不得不擦去重来。当然,也有一些颇具价值的要领,有助于我们探索出合适的趋势线。

首要前提是,必须确有根据显示趋势存在。换句话说,为了画出一条上升趋势线,我们至少需要两个有效的向上反弹低点,并且后者要高于前者。不用说,两点决定了一条直线。例如在图 6-9 中,仅当价格从点 3 开始向上推进后,技术分析师才能够合理地判定新一轮向上反弹的低点已经形成,然后才可以通过点 1 和 3 画出一条尝试性的上升趋势线。

某些技术分析师要求在市场从点 3 起向上穿越点 2 所示的峰,从而使上升趋势得到证实之后,才作出这条趋势线。而另外一些人只要求市场从点 3 起把点 2 到点 3 之间的价格变化回撤 50%,或者上升到接近点 2。应该记住的要点是,无论标准是否一致,技术分析师都必须首先合理地确认一个反弹低点已经形成,然后才谈得上判定它的有效性。一旦确认出了两个依次上升的有效低点,把它们联结起来便得到一条趋势线。它位于价格图线的下侧,向右上方伸展。

(二)验证趋势线与有效趋势线

以上所得到的还只是试验性的趋势线。为了验证其有效性,必须看到价格第三次触及该线,并从它的上面再次反弹出去。如图 6-9 和图 6-11 所示,价格在点 5 对上升趋势线验证成功,于是该趋势线的有效性得到了验证。图 6-10 和图 6-12 所示的是下降趋势的情况,不过道理是一致的,在点 5 处也出现了对趋势线的成功试探。归纳起来,首先必须有两点方可作出趋势线,然后用第三个点来验证其有效性。

图 6-11　沪铜 1407 上升趋势线

图 6-12　天胶 RV 下降趋势线

(三)怎样使用趋势线

只要第三点应验了,并且趋势仍照既定的方向继续发展,那么上述趋势线就在好几方面大有用武之地。趋势概念的基本观点是,既成趋势的下一步常常是顺势发展。由此推论,某个趋势一旦如其趋势线所标示,具备了一定的坡度或演进速率之后,通常将继续保持同样的坡度。因此趋势线不仅可以确定在市场调整阶段价格的极限位置,更重要的是,可以显示出在何种情况下原趋势正在发生变故。

举例来讲,在上升趋势中,调整性的下跌是不可避免的,但它经常只是触及或非常接近相应的上升趋势线。投资商就会在上升趋势附近趁跌买进,所以趋势线在市场下方所提供的支撑边界,正好可以用作买进区域(见图 6-13)。而下降趋势线则可以用作阻挡区,达成卖出目的(见图 6-14)。

只要趋势线未被突破,我们就可以用它来确定买入或卖出区域。然而如图 6-13 在点 9 和图 6-14 在点 11 所示,万一趋势线被突破了,也就发出了趋势生变的信号,要求我们平仓了结当初顺着原有趋势方向建立的所有头寸。趋势线的突破常常是趋势生变的最佳预警信号。

图 6-13　上升趋势线突破分析

图 6-14　下降趋势线突破分析

(四)如何确定趋势线的重要程度

决定一条趋势线的重要程度有两个方面。一方面,它未被触及的次数越多,就越重要。比如说,有条趋势线成功地经受了 8 次试探,从而连续 8 次显示了自身的有效性,那么它显然比另一条只经受了 3 次试探的趋势线重要。另一方面,有效期越长,就越重要。一条持续有效达9个月之久的趋势线,当然比另一条只有9个星期乃至9天有效期的趋势线更重要。趋势线的重要性越强,由其引发的信心就越大,那么它的突破也就越具重要影响。

(五)趋势线应描述全部价格变化

在线图上作趋势线时,应当把它描绘在全部价格范围之下或之上。有些图标分析师更喜欢通过收市价格来作趋势线,这种做法并不标准。虽然收市价格在全天的所有价格中确实可能是最重要的,但它依然只能代表全日价格活动的一个片段。而当日全部价格范围包含了当日的所有价格变化,理应更有意义。

(六)如何对待对趋势线的细小穿越

有时候某一日内的价格变化可能一度穿越趋势线,但当天的收市价格依然符合原趋势的要求。在这种情况下,该趋势线是否可以视为被突破?对此,分析者就会有所困惑。如果结果表明这个小小的穿越只是暂时性的,那么为了把新的价格资料包括进来,我们是否有必要重新画一条趋势线呢?当天价格曾一度滑过原趋势线,而后收市价格又回到该趋势线之上,那么,我们有必要重作趋势线吗?

棘手的是在这种问题上没有一成不变的规则可循。有时候,尤其是在随后的市场行为证明原趋势线依然有效的情况下,我们最好忽略这种"毛刺"。有些时候则必须折中一下,补充一条新的试验性的趋势线。那么技术分析师在考察未来价格时,就既有原趋势线(实线)又有新趋势线(虚线)以供参照了。这里有个普遍经验:如果突破原趋势线的动作的规模相对较小,只是当天内的一时之举,并且收市价又回到原趋势线之上,那么可以忽略这个"毛刺",仍旧使用原趋势线。正如许多其他市场分析领域一样,碰上这种模棱两可的情形时,分析者只有靠自己的经验和主观判断来定夺。

(七)什么是对趋势线的有效突破

趋势线突破过滤原则:A. 价格穿越趋势线3%(3%原则);B. 价格连续三天收在趋势线下(三天原则)。

为了辨识有效的趋势线穿越,排除错误信号,技术分析者设计了时间和价格"过滤器"。所谓"3%原则"便是价格过滤器的一种。这种价格过滤器主要用于鉴别长期趋势线的突破,它要求收市价格穿越趋势线的幅度至少达到3%,才能判定为有效突破(3%原则不适用于一些金融期货,例如利率期货市场)。

举例来说,如果在黄金价格图标上,有一条重要上升趋势线当前正处在400美元的水平,那么为了证明该线已被突破,当日收市价格必须在其97%以下的水平(此时收市价格将在趋势线以下12美元开外,即388美元)。显然,对短线交易商来说,要求他们坐视价格走过12美元是不恰当的,1%原则或许更合适。3%原则仅仅是价格过滤器的一种类型。有些技术分析师针对不同市场,选用了各种"最小价格波动容许值",也有人根本不采用价格过滤器。不论选用何种价格过滤器,都有个一半对一半的机会问题。如果过滤器设置得太小,那么减少"拉锯"影响的效果则不佳。如果选得太大,那么在有效信号出现之前,就错过了一大截初始动作时机。所以此处也不例外,交易商必须结合所追随市场的趋势发育程度,灵活选择最适合的过滤器,具体市场具体分析。

价格过滤器的趋势线有效穿越标准,要求收市价格的变化达到预定的价格幅度或百分比。此外我们还有另一种选择——时间过滤器。其中最常见的为"三天原则"。换句话说,为了对趋势线构成有效突破,市场必须连续三天收市在该直线的另一侧。于是,要突破上升趋势线,价格就必须连续三天收市在该直线的下方。只持续一天的话,突破是不成立的。最后我们还必须补充一点,3%原则和三天原则不仅适用于考察重要趋势线的突破,也同样可以应用于鉴别市场对重要支撑和阻挡水平的突破。

(八)趋势线如何互换角色

前面讲过,一旦支撑水平和阻挡水平被突破,其角色就互相对换。这个规律也用于趋势线(见图6-15和图6-16)。换言之,上升趋势线(支撑线)一旦被决定性地向下突破后,就演化成阻挡线;下降趋势线(阻挡线)一旦被决定性地向上突破后,就演变为支撑线。正因为这一点,我们在趋势线被突破后依然把它们尽可能地向右延长。这种做法颇有玄机。旧的趋势线演化成自身的反面,在未来再度形成支撑线或阻挡线的现象实在屡见不鲜,令人惊叹叫绝。

图6-15 脂松香上升趋势线被突破

图 6-16　热卷中原下降趋势线被突破

趋势线课程视频

七、扇形原理

扇形原理是趋势线另一种颇有意思的用法(见图 6-17 和图 6-18)。有时候,在上升趋势线被突破后,价格先是有所下跌,然后再度上升,回到原上升趋势线的下边(该线此时已成为阻挡线了)。请注意,在图 6-17 中,价格跌破 1 线后,再度弹升到 1 线下边,但是未能向上穿越 1 线。此时我们可以作出新的一条趋势线(2 线)。随后 2 线也被向下突破了,然后价格又一次弹回,向上试探 2 线未果,于是我们得到第三条趋势线(3 线)。第三条趋势线若再次被突破,通常就意味着价格将下跌了。在图 6-18 中,第三条下降趋势线(3 线)的突破构成了新一轮上升趋势出台的信号。由上述两例来看,原先的支撑线被突破后均变成了阻挡线,原先的阻挡线被突破后均变成了支撑线。图中依次变得平缓的三条直线形如扇子,扇形原理由此得名。切记,第三条趋势线被突破是趋势反转的有效信号。

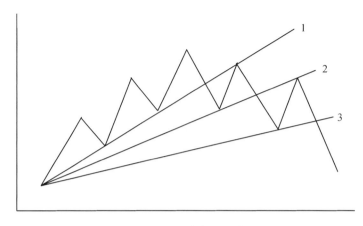

图 6-17　上升扇形突破

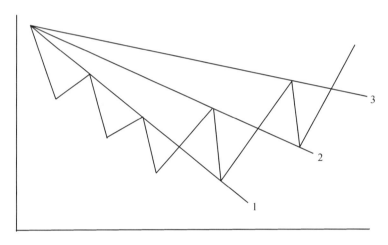

图 6-18　下降扇形突破

八、趋势线的相对陡峭程度(斜率)

趋势线的相对陡峭程度也很重要。一般来说,倾斜角度约为 45°的趋势线最有意义。某些技术分析师甚至简单地从图上某个显著的高点或低点引出一条 45°倾角的直线,作为主要趋势线。江恩对所谓的 45°线技术就特别垂青。这样的直线反映出的价格随着时间上升或下降的速率,恰好从价格、时间两个方面处于完美的平衡之中。江恩非常注重几何角度,而 45°线又是其中最重要的。

如果趋势线过于陡峭(如图 6-19 中 1 线所示),那么通常表明价格上升得太快,因而难以持久。如果这样的趋势线被跌破了,可能只是意味着上升趋势的坡度将调整回 45°线上下(如图 6-19 中 2 线所示),而不是趋势的逆转。如果趋势线过于平缓(如图 6-19 中 3 线所示),则说明这个上升趋势过于衰弱,因而不太可靠。除了江恩理论外,我们在讨论三点反转和优化点数图时,也要谈到 45°线。

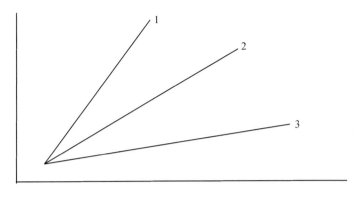

图 6-19　趋势线斜率

　　在趋势上升或下降过快时,有必要对趋势线加以调整,以适应趋势放缓或加速的要求(见图 6-20 和图 6-21)。正如前面的图所示,在陡峭趋势线被突破后,我们可能有必要作出新的较平缓的趋势线。如果原先的趋势线过于平缓,或许也有必要画出新的更陡峭的趋势线来。如图 6-20 所示,在陡峭趋势线(1 线)被突破后,必须作出较平坦的新直线(2 线)。在图 6-21 中,原先的趋势线(1 线)过于平缓,所以有必要作出更陡峭的新直线(2 线),因为此时上升趋势已经加速了,必须用较陡峭的直线方可描述新的市场情形。要是趋势线距离当前价格变化过远的话,则它对追踪当前趋势的变化帮助不大。

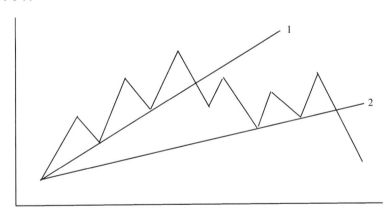

图 6-20　上升趋势放缓调整

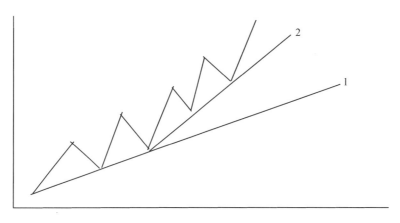

图 6-21　上升趋势加速调整

事实上,在任何时刻,市场上总有好几种不同时间规模的趋势并存,因而我们有必要相应地采用不同的趋势线来分别描述各个等级的趋势。比如,主要上升趋势线是由主要上升趋势的低点联结而成的。同时也可以用较短的且较灵敏的直线描述中等的价格摆动。另外,还可以用更短的直线来描述短暂的运动。见图 6-22。

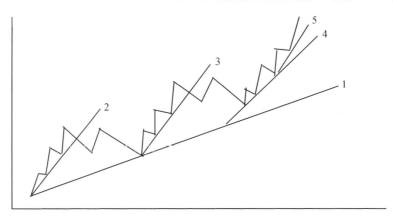

图 6-22　不同时间规模的趋势线

第二节　轨道线

一、轨道线的定义

轨道线,是趋势线技术的另一方面应用,也颇有价值。在有些情况下,价格趋势整个局限于两条平行线之间,其中一条为基本的趋势线,另一条便是轨道线。当这种情形出现后,如果分析者判断及时,就有利可图。

二、轨道线的作法

轨道线的作法相对简单些。如图 6-23 所示,在上升趋势中,我们首先沿着低点画出基本的趋势线,然后从第一个显著波峰(点 2)出发,用虚线引出其平行线。两条直线均向右上方伸展,共同构成一条通道。如果下一轮上涨抵达轨道线后折返下来(如点 4 处所示),那么该轨道就成立了一半。如果这次折返一直跌回原先的趋势线上(如点 5 处所示),那么该轨道就基本上得到了肯定。在下降趋势中,情况与上升趋势类似,但方向相反(见图 6-24)。基本的上升趋势线是开立新的多头头寸的依据,而轨道线则可用作短线平仓获利的参考。更积极的交易商甚至有可能利用轨道线来建立与趋势方向相反的空头头寸,虽然逆着趋势方向做交易的策略风险很大,但高风险的背后就是高收益。正如趋势线一样,轨道线未被触及的时间越长,试探成功的次数越多,那么它就越重要,越可靠。

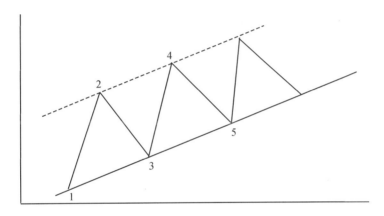

图 6-23　上升轨道线

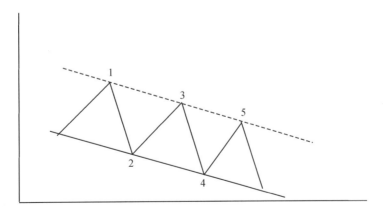

图 6-24　下降轨道线

重要趋势线被突破后,表明现行趋势发生了重大变故。但是上升轨道线的突破恰好具有相反的意义。它表示流行趋势开始加速。有些交易商把上升趋势的轨道线的突破视为增加多头头寸的依据。

此外,我们通常还可以利用轨道技术来辨别趋势减弱的信号,这就是价格无力抵达轨道线的情况。在图 6-25 中,价格(点 5 处)无力达到轨道线,这也许就是趋势即将有变的警讯,显示上升趋势线被突破的可能性有所增大。一般情况,如果在通道中波动,价格无力达到某一边,则通常意味着趋势即将发生变化(加速或转折),也就是说轨道的另外一边被突破的可能性增大了。

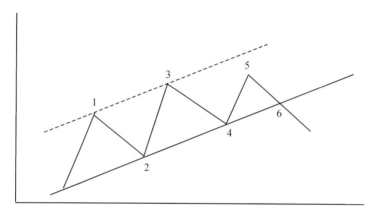

图 6-25　趋势反转的预警信号

我们也可以利用轨道线来对基本趋势线进行调整(见图 6-26 和图 6-27)。如果价格显著地越过了上升趋势的轨道线,则通常表明趋势增强。因此,某些技术分析师根据新的轨道线,从最后一个向上反弹低点出发,平行地作出一条更陡峭的直线,作为新的基本上升趋势线(如图 6-26 所示)。新的更为陡峭的趋势线经常比原先的较为平缓的趋势线更奏效。类似地,在上升趋势中,当价格无力抵达轨道的上边线时,我们可以根据连接最后两个波峰所得到的阻挡线,从最后的向上反弹低点出发,作出一条平行线,作为新的趋势线(如图 6-27 所示)。

轨道线还具有测算意义。一旦在价格轨道的两条边线上发生了突破,价格通常将顺着突破方向达到与轨道宽度相等的距离。因此我们可以根据轨道的宽度,从轨道边线上的突破点起,简单地顺着突破方向投影出去,得出价格目标。

然而,在组成轨道的两条线中,基本的趋势线远比轨道线重要,也更为可靠。在趋势线技术中,轨道线是第二位的。

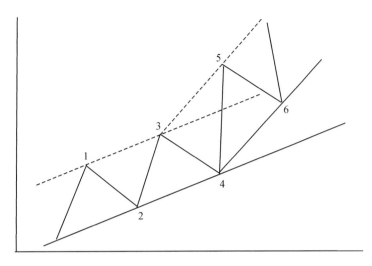

图 6-26　上升趋势的加速调整

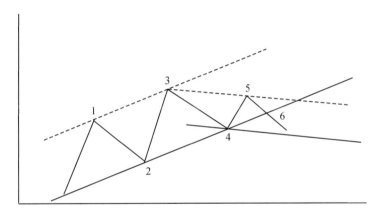

图 6-27　上升趋势的反转分析

三、百分比回撤

从前面关于上升趋势和下降趋势的所有图例中,我们注意到,在每场重大的市场运动之后,价格总要回撤其中一部分,再按照既有趋势方向继续发展。这类与趋势方向相反的价格变化,往往恰好占先前动作的一定的百分比。50％回撤便是一个众所周知的例子。举例来说,假定市场处于上升趋势,已经从 100 的水平上涨到 200 的水平,那么,接下来的调整常常是回撤到这场运动的一半处,即大约 150 的水平,然后市场才恢复原来的上升势头。这是一种十分常见的市场倾向,在大宗商品投资市场上频繁地重现。同时,这种百分比回撤的概念也适用于任何规模的趋势——主要趋势、次要趋势和短暂趋势。

确切地说,在很大的程度上,50％回撤是市场的一种倾向性,而不是一条精确、严格的规则。此外,所谓最大和最小百分比回撤——三分之一回撤和三分之二回撤——也是广为人知的。换言之,价格趋势可以分成三等份。通常最小的回撤百分比大约是33%。最大的回撤百分比约为66%。这就是说,在一个强劲趋势的调整过程中,市场通常至少回撤到前一个运动的三分之一的位置。有几方面的原因使这一常识极有意义。如果交易商试图在市场下方计划一个值得买入的价格,那么他可以在图上算出33%—50%回撤的区域,以此为参考,来选择大致的买进机会(见图6-28)。

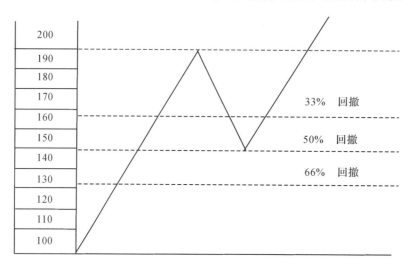

图 6-28　百分比回撤

最大的回撤百分比为66%,这里对应着一个特别关键的区域。如果先前的趋势能够持续下去的话,那么调整必须在三分之二处打住。于是,在这种关键区域,无论是在上升趋势中买进,还是在下降趋势中卖出,相对来说风险都比较小。如果在调整中价格越过了三分之二点,那么趋势反转的可能性就会大于单纯的调整了。下一步,价格通常将返回原先趋势的起点,也就是要100%地回撤了。

上述三种回撤百分比在道氏理论中也提出过。我们在学艾略特理论和斐波纳奇数字的时候会发现,它们也都在道氏理论的基础上提出了自己的百分比,引入了38%和62%两种回撤百分比。所以我们可以把最小回撤区域设为33%—38%,把最大回撤区设为62%—66%。熟悉江恩理论的都知道,他把趋势结构划分成八等份——1/8,2/8,…,8/8。不过,即便如此,江恩特别注重其中的3/8(38%)、4/8(50%)和5/8(62%)回撤比例,并且也觉得趋势三等分法1/3(33%)和2/3(66%)很重要。

四、价格跳空

价格跳空是指在K线图上没有发生交易的价格区域。比如说,在上升趋势中,某日最低价高于前一日的最高价,从而在K线图上留下一段当日价格不能覆盖的缺口。在下降趋势中,对应情况是当日的最高价低于前一日的最低价。向上跳空表明市场坚挺,而向下跳空则通常是市场疲软的标志。跳空现象在长期性质的周线图和月线图上也可能出现,而且一旦发生了,就非同小可。不过它在日线图上更常见。

跳空一般可分为四种类型:普通跳空、突破跳空、持续跳空和衰竭跳空。

普通跳空在四种类型中预测性价值最低,通常发生在交易量极小的市场情况下,或者是在横向延伸的交易区间的中间阶段。其主要原因是市场参与者了无兴趣,市场清淡,相对较小的交易指令便足以导致价格跳空。大多数技术分析师把普通跳空忽略不计。

突破跳空通常发生在重要的价格运动完成之后,或者新的重要运动发生之初。在市场完成了主要的底部反转形态,比如头肩形底之后,对颈线的突破经常就是以突破跳空的形式进行的。它经常出现在市场的顶部或底部所发生的重要突破中,还经常出现在重要趋势线被突破时,意味着趋势反转。突破跳空通常是在高额交易量中形成的。突破跳空通常不被填回。在向上突破的情况下,价格或许会回到跳空的上边缘,或者甚至部分地填回到跳空中,但通常其中总有一部分保留如初,不能被填满。一般来说,在这种跳空出现后,交易量越大,那么它被填回的可能性就越小。事实上,如果该跳空被完全填回,价格重新回到了跳空的下方的话,那么这其实倒可能是个信号,说明原先的突破并不成立。向上跳空在之后的市场调整中通常起着支撑作用,而向下跳空在之后的市场反弹中将成为阻挡区域。

持续跳空就是当新的市场运动发生过一段之后,大约在整个运动的中间阶段,价格将再度跳跃前进,形成一个跳空或一列跳空。此类跳空反映出市场正以中等的交易量顺利地发展。在上升趋势中,它的出现表明市场坚挺;而在下降趋势中,则显示市场疲软。正如突破跳空的情况一样,在上升趋势中,持续跳空在此后的市场调整中将构成支撑区,它通常也不会被填回,而一旦价格重新回到持续跳空之下,那就是对上升趋势的不利信号。此类跳空又称测量跳空。因为它通常出现在整个趋势的中点,所以我们可以从这个趋势的突破位到持续跳空顺着趋势方向翻出一番,从而估计出该趋势的结束位。

衰竭跳空出现在接近市场运动的尾声处。在价格已经抵达了所有目标,并且经过了突破跳空和持续跳空之后,分析者便开始预期衰竭跳空的降临。在上升趋势的最后阶段,价格在奄奄一息中回光返照,跳上一截。然而,最后的挣扎好景不长,在随后的几天乃至一个星期里价格马上开始下滑。当收市价格低于这种最后的跳空后,表明衰竭跳空已经形成。

第三节　黄金分割线

黄金分割法是一种古老的数学方法。黄金分割法的创始人是古希腊的毕达哥拉斯,他在当时十分有限的科学条件下大胆断言:一条线段的某一部分与另一部分之比,如果正好等于另一部分同整条线段的比,即 0.618,那么,这样的比例会给人一种美感。后来,这一神奇的比例关系被古希腊著名哲学家、美学家柏拉图誉为"黄金分割律"。黄金分割线的神奇和魔力,在数学界还没有明确定论,但它屡屡在实际中发挥着意想不到的作用。

一、黄金分割线的定义

意大利数学家斐波纳奇于 1202 年发表了斐波纳奇数列,证明了黄金比例的存在,从而使黄金比例有了扎实的理论基础。斐波纳奇数列为:

1　2　3　5　8　13　21　34　55　89　144　233　…

此数列亦称为"神奇数字序列",我们定义斐波纳奇数列为:

$f(1)=f(2)=1$,

$f(n)=f(n-1)+f(n-2)$(n 为自然数,$n \geqslant 3$)。

经严格的数学论证后,有如下结论:

$f(n+1)/f(n) \rightarrow 1.618$(倒数为 0.618=1-0.382),

$f(n+2)/f(n) \rightarrow 2.618$(倒数为 0.382=1-0.618),

$f(n+3)/f(n) \rightarrow 4.236$(倒数为 0.236)。

有人说金字塔和上列奇异数字息息相关。金字塔的几何形状有 5 个面、8 条边,总共有 13 个层面。从任何一边看去,都可以看到 3 个层面。金字塔的长度为 5813 寸(5-8-13),而塔高和底面边长的百分比值是 0.618,即上述任何 2 个连续数字的比值,譬如 55/89≈0.618,89/144≈0.618,144/233≈0.618。另外,一个金字塔五角塔的任何一边长度都等于这个五角形对角线的 0.618 倍。还有,底部 4 条边的总数是 36524.22 寸,这个数字等于一年天数的 100 倍,这组数字十分有趣。0.618 的倒数是 1.618。譬如 144/89≈1.618,233/144≈1.618,而 0.618×1.618 就约等于 1。另外有人研究过向日葵,发现向日葵花有 89 个花瓣,55 个朝一方,34 个朝向另一方。这组数字就叫作神秘数字。而 0.618,1.618 就叫作黄金分割线。有时候移动平均线 MA 的参数取特殊的斐波纳奇数字将起到意想不到的效果。比如 144 日均线即 MA (144),常常成为某个商品价格在关键点位的支撑或压力。

二、黄金分割线的实战运用

黄金分割线的实战运用主要集中在两个方面,一个是利用价格回调和反弹的幅度来预测商品价格的运行趋势,另一个则是判断商品价格的回调支撑区和反弹压力区。

(一)利用回调和反弹幅度来判断走势

利用黄金分割线,可以依据商品价格向下回调的幅度和向上反弹的高度,来判断行情的性质和商品价格未来的运行趋势。

1.从回调幅度判断

在一轮真正的上升行情中,会有几次级别比较大的回调整理过程,这种回调整理的第一目标位,一般是在前段上升行情高度的0.382线附近,第二和第三目标位则在前段上升行情高度的0.5线和0.618线附近。

如果商品价格回调到0.382线上方或附近时就重拾升势,则表明商品价格的强势上升行情依旧。当商品价格向下击穿0.382这条重要支撑线后,该段上升行情的0.5线是最重要的支撑位。

如果商品价格回调到0.5线上方或附近时就重新返身向上,则说明商品价格的上升行情并未结束。当商品价格向下击穿0.5线这条重要支撑线后,该段上升行情高度的0.618线就是最后一个支撑位。

如果商品价格有效向下击穿0.618线,则说明这段上升行情即将结束,商品价格的上升趋势将转为下降趋势或水平运动趋势。

2.从反弹幅度判断

一轮大的下跌行情中会有几次级别较大的反弹出货过程,这种反弹出货过程,对于投资者逢高卖出股票有很大的帮助,同时,还可以用黄金分割线来判断反弹行情的性质。

在商品价格从高位下跌的过程中,由于前期跌势过猛,商品价格会有一个比较大的反弹。如果反弹高度未到0.382线就重新下跌,则意味着这种反弹是弱势反弹,商品价格未来的跌势可能会更加凶猛。

如果商品价格的反弹高度未到0.5线就重新下跌,则预示着这种反弹是下跌途中的中级抵抗,商品价格的下降趋势依旧,下跌行情尚未结束。

如果商品价格的反弹高度达到0.618线,则说明商品价格的下跌趋势将趋缓,下跌行情也有可能转向横向整理的行情。

不过,以上这些分析方法不适用那些前期涨幅过高的商品。

(二)判断支撑区和压力区

黄金分割线的另一个运用就是利用不同黄金分割线之间的距离,将商品价格的上升和下降行情,划分为几个回调支撑区和反弹压力区,借以判断商品价格未来的运行趋势。

1.回调支撑区

在一轮比较大级别的上升行情中,商品价格的运行态势按黄金分割标准划分,自上而下可分为四个区域,即无压力区、强力支撑区、最后支撑区和无支撑区。

(1)无压力区。

上升行情中的无压力区,是指商品价格在上升过程中的0.382这条黄金分割线以上的区域。在一轮大的上升行情里,商品价格一般都会出现几次比较大的回调走势,而在这种回调过程中,只要商品价格始终运行在 0.382 这条线以上的区域,价格的上升趋势就会持续下去,这对投资者的做多跟进的决策很有帮助。

不过,这里的无压力区并不是说商品价格的运行无压力,而是指商品价格在这个区域中,重新向上运行时的压力相对比较小,其再度上冲的真正压力是在这一轮行情前期所创下的高点附近,换句话说,也就是只有在商品价格真正突破前期高点后,继续向上运行,才算得上没有真正的压力,即所谓的"涨不言顶"。

(2)强力支撑区。

上升行情中的强力支撑区,是指商品价格在上升过程中的 0.382—0.5 这两条黄金分割线之间的区域。当商品价格经过一轮比较大的上升行情,开始向下回调整理时,如果回调至 0.382—0.5 线之间的区域就遇到比较强劲的支撑,只要商品价格始终运行在 0.382—0.5 线之间的区域,就表明此前商品的价格从高位的回调整理,是一种上升行情中的强势整理行情,商品价格的上升趋势并未发生改变。

强势支撑区是商品价格上升行情中的一个重要回调支撑区域,也是投资者持仓观望或清仓出局的决策区域。一旦商品价格在这个区域运行一段时间后又返身向上,就可能意味着强势整理已经结束,商品价格将重拾升势,此时,投资决策还是以持仓待涨或逢低吸纳为主。而一旦商品价格向下突破这个强势整理区,就应引起投资者的高度警觉并随时清仓离场。当这个强势整理区被有效向下突破后,它就可能变成一个重要的压力区,并成为未来商品价格向上运行的强大压力区。

(3)最后支撑区。

上升行情中的最后支撑区,是指商品价格在上升过程中的 0.5—0.618 线之间的区域。这个区域是判断商品价格的上升行情是结束还是希望尚存的重要区域,也是主力可能护盘的最后区域。

当商品价格运行在 0.5—0.618 线这个区域时,说明商品价格的上升行情尚未结束,商品价格再次向上的可能性仍在。而一旦商品价格有效向下突破,直到 0.5—0.618 线这个区域,则说明商品价格的上升行情即将结束,商品价格向下运行的可能性日益大增,此时的投资决策应以多头平仓为主。

(4)无支撑区。

上升行情中的无支撑区,是指商品价格在上升行情末期,价格运行在 0.618 线这条黄金分割线以下的区域。0.618 线这条黄金分割线是上升行情的比较重要的支撑线,它不仅可以显示上升行情中回调整理的极限位置,还决定了这种回调整理是上升行情中的正常整理,还是新的一轮下跌行情的开始。如果商品价格向下有效突破0.618 线,则意味着原来的商品价格上升行情已经结束,商品价格将由原来的上升趋势转变为下降趋势。

与无压力区相同,这里的无支撑区并不是说商品价格运行无支撑,而是指商品价格在这个区域运行时,该区域对其支撑力非常小,商品价格大多以阴跌为主。此后,商品价格运行的唯一支撑点是在这轮上升行情的起点上。对于刚刚进入无支撑区的商品,投资者唯一的投资决策应该是持币观望。

2.反弹压力区

在一轮比较大级别的下跌行情中,商品价格运行态势按黄金分割标准划分,自上而下可分为四个区域,即无支撑区、强压力区、最后阻力区和无压力区等。

(1)无支撑区。

下跌行情中的无支撑区,是指商品价格在下跌过程中的 0.618 线这条黄金分割线以下的区域。在一轮大的下跌行情里,商品价格一般都会出现几次比较大的反弹走势,而在这种向上反弹过程中,只要商品价格始终运行在 0.618 线这条黄金分割线以下的区域,价格的下降趋势就会持续下去,这时,投资者的投资决策应以做空为主。

下跌行情中的无支撑区对投资者来说是非常重要的一个区域。在价值投资盛行的行情中,对于那些基本面已经或开始恶化的商品,投资者不能因为其价低就买,因为谚语有云,"跌不言底",即在价格下跌过程中不能轻易地判断其底部,因此,面对那些运行在无支撑区的商品,投资者最好的操作策略就是持币观望。

(2)强压力区。

下跌行情中的强压力区是指商品价格在下跌反弹过程中的 0.618—0.5 这两条黄金分割线之间的区域。当商品价格经过一段跌幅比较大的下跌行情后,反弹到 0.618—0.5 线之间的区域,就表明商品价格已经触及一个重要的强阻力区。

如果商品价格能有效站稳或向上突破这个强阻力区,则表明商品价格向上反弹的趋势还将继续,而如果商品价格只是触及这个区域就重新掉头向下运行,则预示着商品价格的反弹行情即将结束,商品价格将开始新一轮的下跌行情。

对于大部分商品而言,经过一段幅度比较大的反弹行情后,在这个强压力区附近遇到强大阻力而重新下跌的概率相当大,因此,当价格运行到这个强阻力区时,投资者应密切注意商品价格的运行趋势,随时做好短线做空的准备。

(3)最后阻力区。

下降行情中的最后阻力区,是指商品价格在下降过程中 0.382—0.5 这两条黄金分割线之间的区域。这个区域是判断商品价格的下降行情是结束还是持续下跌的重要区域,也是主力可能护盘的最后区域。

当商品价格运行在 0.382—0.5 线这个区域时,说明商品价格的下降行情尚未结束,商品价格再次向下的可能性仍在。而一旦商品价格有效向上突破 0.382—0.5 线这个区域,则说明商品价格的下降行情即将结束,商品价格向上反弹运行的可能性日益大增,此时的投资决策应以空头平仓为主。

(4)无压力区。

下降行情中的无压力区,是指商品价格在上升行情末期,价格运行在 0.382 这个黄金分割线以上的区域。0.382 这条黄金分割线是下降行情的比较重要的支撑线,它不仅可以显示下降行情中回调整理的极限位置,还决定了这种回调整理是下降行情中的正常整理,还是新的一轮反弹行情的开始。如果商品价格向上有效突破 0.382 线,则意味着原来的商品价格下降行情已经结束,商品价格将由原来的下降趋势转变为上升趋势。

课外拓展

黄金分割法是古希腊哲学家毕达哥拉斯发现的。

一天,毕达哥拉斯从一家铁匠铺路过,被铺子中那有节奏的叮叮当当的打铁声所吸引,便站在那里仔细聆听,似乎这声音中隐匿着什么秘密。

他走进作坊,拿出一把尺子量了一下铁锤和铁砧的尺寸,发现它们之间存在着一种十分和谐的关系。

回到家里,毕达哥拉斯拿出一根线,想将它分为两段。怎样分才最好呢?经过反复比较,他最后确定 1∶0.618 的比例截断最优美。

后来,德国的美学家泽辛把这一比例称为“黄金分割率”。这个比例的规律是,较大部分与整体之比等于较小部分与较大部分之比。无论什么物体、图形,只要它各部分的关系都与这种分割法相符,这类物体、图形就能给人最悦目、最美的印象。

黄金分割线课程视频　　　　切线理论 PPT　　　　切线理论章节测试

第七章 反转形态

育人目标

通过小组完成行情早报,培养团队合作精神和整体、团队的理念。

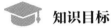

知识目标

通过对本章的学习,理解价格形态、形态类型,理解反转形态所共有的基本要领,掌握日线图的头肩形、双重顶双重底、圆弧顶圆弧底、V形反转形态的分析方法。

能力目标

具备日线图的头肩形、双重顶双重底、圆弧顶圆弧底、V形反转形态的分析能力。

图标形态是建立在支撑、压力、趋势等概念的基础之上的。上一章,我们把趋势定义为一系列依次上升或下降的峰和谷。如果它们相对变化的方向向上,则趋势向上;如果其相对变化的方向向下,那么趋势就向下。我们还强调指出,在大部分时间内,市场处于横向伸展的态势之中。而正是这种横向延伸的市场运动,构成了接下来形态的分析内容。

千万不要以为绝大部分趋势的变化突如其来,事实上,趋势在发生重要变异之前,通常需要一段酝酿的时间。问题就在于,这种酝酿时期并不总意味着趋势将要逆转,有时候,这只是既存趋势的休整,随后原有的趋势仍将继续。

第一节 形态理论概述

一、价格形态

价格形态是指在图形上由价格波动所形成的形态。技术分析师运用各种形态来确定市场趋势,然后判断走势的强弱及是否会继续或反转。技术分析师根据价格波动形态追踪价格轨迹,分析多空双方力量对比结果,预测趋势的变化过程。形态是分析价格走势和选择买卖点的最重要的依据。价格形态是军事地图,表明多空双方的博弈过程和结果。

> 夫兵形象水,水之行,避高而趋下;兵之形,避实而击虚;水因地而制流,兵因敌而制胜。故兵无常势,水无常形。能因敌变化而取胜者,谓之神。
>
> ——《孙子兵法·虚实篇》

二、形态类型

价格形态包括持续整理形态和反转突破形态。反转形态名副其实,意味着趋势正在发生重要反转;相反地,持续形态显示市场仅仅是暂时休整,把近期的超买或超卖状况调整一番,过后,现存趋势仍将继续发展。技术分析的关键是必须在形态形成的过程中尽早判别出其所属类型。

本章将介绍五种最常用的反转形态:头肩形、三重顶(底)、双重顶(底)、圆弧顶(底),以及 V 形等形态。

交易量在所有价格形态中,都起到重要的验证作用。在形势不明时,研究一下与价格数据伴生的交易量形态,是判断当前价格形态是否可靠的决定性办法。

绝大多数价格形态各有其具体的测算技术,可以确定出最小的价格目标。虽然这些目标仅仅是对下一步市场运动的大致估算,但仍有助于交易商确定其报偿与风险比。

三、反转形态所共有的基本要领

在单独地剖析各个主要反转形态之前,我们先掌握所有反转形态所共有的几个基本要领。

(1)在市场上事先确有趋势存在,是所有反转形态存在的前提。

市场上确有趋势存在是所有反转形态存在的先决条件。市场必须先有明确的目标,然后才谈得上反转。在图上,偶尔会出现一些与反转形态相像的图形,但是如果事前并无趋势存在,那么它便无物可反,在我们辨识形态的过程中,正确把握趋势的总体结构,对最可能出现的形态提高警惕,是成功的关键。正因为反转形态事先必须有趋势可反转,所以它才具备了测算意义。前面曾强调,绝大多数测算技术仅仅给出最小价格目标,那么,最大目标就是事前趋势的起点。如果市场发生过一轮主要的牛市,并且主要反转形态已经完成,就预示着价格向下运动的最大余地便是 100% 地回撤整个牛市,从它的终点回到它的起点。

(2)现行趋势即将反转的第一个信号,经常是重要的趋势线被突破。

即将降临的反转过程,经常以突破重要的趋势线为前提。但主要趋势线被突破,并不一定意味着趋势的反转。这个信号本身的意义是,原有趋势正发生改变。主要向上趋势线被突破后,或许表示横向延伸的价格形态开始出场,以后,随着事态的进一步发展,我们才能够把该形态确认为反转型或连续型。在有些情况下,主要趋势线被突破同价格形态的完成恰好同步实现。

(3)形态的规模越大,则随之而来的市场动作越大。

这里所谓的规模大小就是指价格形态的高度和宽度。高度标志着形态的波动性的强弱,而宽度则代表着该形态形成的时间。形态的规模越大,即价格在形态内摆动的范围越大、经历的时间越长,那么该形态就越重要,随之而来的价格运动的余地就越大。这里介绍的所有的测算技术,均是以形态高度为基础的。这种方法主要适用于线图,这就是所谓的垂直测算原则。

(4)顶部形态所经历的时间通常短于底部形态,但其波动性较强;底部形态的价格范围通常较小,但其酝酿时间较长。

顶部形态与底部形态相比,它的持续时间短但波动性更强。在顶部形态中,价格波动不但幅度更大,而且更剧烈,它的形成时间也较短。底部形态通常具有较小的价格波动幅度,但耗费的时间较长,正因如此,辨别和捕捉市场底部比捕捉其顶部通常容易些,损失也相应少些。不过也有很多喜欢"压顶"的投资商,因为价格通常倾向于跌快而升慢,顶部形态尽管难于对付,却也自有其引人之处。通常,交易商在捕捉住熊市的卖出机会的时候比抓住牛市的买入机会的时候,盈利快得多。事实上,一切都是风险与回报之间的平衡。较高的风险从较高的回报中获得补偿,反之亦然,顶部形态虽然更难捕捉,却也更具盈利的潜力。

(5)交易量在验证向上突破信号的可靠性方面更具参考价值。

交易量一般应该顺着市场趋势的方向相应地增长,这是验证所有价格形态完成与否的重要线索。任何形态在完成时,均应伴随着交易量的显著增加。但是,在趋势的顶部反转突破时,交易量并不如此重要。一旦熊市潜入,市场惯于"因自重而下降"。技术分析师当然希望看到,在价格下跌的同时,交易活动也更为活跃,不过,在顶部反转过程中,这不是关键。然而,在底部反转过程中,交易量的相应增加,却是绝对必需的。如果当价格向上突破的时候,交易量并未呈现出显著增长的态势,那么,整个价格形态的可靠性,就值得怀疑了。

第二节 头肩形反转形态

头肩形反转形态可能是最著名、最可靠的反转形态之一。其他绝大多数反转形态仅仅是头肩形的变体。就如其余所有的反转形态一样,头肩形主要反转形态其实也是前一章中的趋势概念的进一步发展。举例来说,在上升趋势中,一系列依次上升的波峰和波谷首先把上涨势头逐渐放缓,然后上升趋势开始停顿。此时,供求双方的力量对比处于相对平衡之中。一旦这个消散阶段完成,那么,上述调整的横向交易区间底边处的支撑就被打破了,从而,市场确立了新的下降趋势,反转形态大功告成。新的下降趋势具备依次降低的波峰和波谷。

一、头肩顶形态

头肩顶形态(见图 7-1)在点 A 的上升趋势一如既往,毫无反转的迹象。交易量在价格上升到新高度的同时,也相应地增加,表现正常。在点 B 的调整性下降中,交易量减少,也符合要求。然而到了点 C,警觉的技术分析师或许注意到,当这一轮价格上涨向上突破点 A 时,其交易量同前一轮上涨时的交易量相比,已经呈现萎缩状态。虽然这个变化本身并不具有重大意义,但是这时候,分析者应该在脑海里亮起一盏黄色警告灯了。当价格跌回到点 D,这一轮下跌的低点低于从前的高点 A。在前面章节里曾提到,以前的高点一旦被向上穿越后就在随后的市场调整中起到支撑作用。而这次下跌明显低于点 A,几乎达到前一个向上反弹的低点 B 的水平,这就是个警讯,说明该上升趋势可能出了问题。然后,市场再次上冲到点 E,这一次,交易量更少,甚至不能达到冲击高点 C 时的水平(点 E 这轮最后的冲击,经常回撤到从点 D 到点 C 之间,下降幅度在一半到三分之二之间)。我们知道,如果上升趋势要持续发展,则每一轮新高点都必须超过前一轮上冲的高点。点 E 的上升无力达到前一轮的高点 C,满足了新的下降趋势所要求的一半条件,即波峰依次下降。到了这个时候,在点 D,主要上升趋势线(线 1)通常已经被跌破,从而构成了另一个危险信号。但是,尽管发生了上述许多警告讯号,此时我们唯一可以肯定的一点是:趋势已经从上升转化成横向延伸了。这也许是了结多头头寸的充分根据,但还不足以构成卖出做空头的理由。

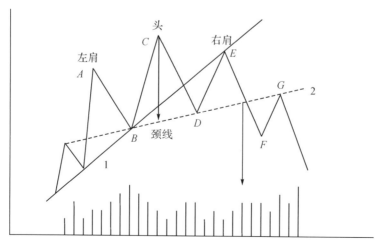

图 7-1 头肩顶形态

(一)突破颈线,完成形态

通过最后2个向上反弹的低点(点 B 和点 D),我们可以作出一条较为平缓的趋势线,称为颈线(如线 2 所示)。在顶部,颈线一般轻微上斜(尽管有时也可能水平,或者在更少数情况下略倾斜向下)。头肩顶成立的决定性因素是,收市价格明确地突破到颈线之下。在这种情况下,市场终于突破了由底点 B 和 D 构成的趋势线,并跌破 D 点的支撑,从而完全满足了新趋势产生的前提条件——依次下降的峰和谷。于是,从依次下降的峰点和谷点 C,D,E,F 上,我们可以确定新一轮的下降趋势。在顶部形态完成后的初始阶段,当市场向下突破时交易量是否急剧增加并不是至关重要的。

(二)反扑

通常市场会出现反扑现象,即价格重新弹回颈线或者前一个向上反弹的低点 D(如点 G 所示)。此时,这两者均已在市场上方构成了阻挡。反扑现象并不一定总能发生,有时或者只能形成一段极小的反弹。交易量也许有助于我们推测这种反弹的幅度大小。如果在突破颈线的初始阶段交易量极多,那么反扑的情况较少。因为上述突然增加的交易活动反映出市场上较重的向下压力。反过来,如果初始突破时的交易量较少,那么反扑的可能性便大为增加。

(三)交易量的重要性

与价格变化相对应的交易量形态,在头肩顶形态的发展过程中担负着重要的角色。在其他的价格形态中,交易量的作用也都如此。一般来说,第二高峰(头)的伴随交易量比左肩少。这一点倒不是必要条件,而是市场在这种情况下通常具有的一种强烈的倾向性,也是市场上买进压力减轻的早期警讯。最重要的交易量信号,发生在第三高峰(右肩),此处的交易量应比前两个高峰处显著减少。在突破趋势线的时候,交易量应增加;在价格反扑时,交易量应减少。然后,一旦反扑完结,交易量便再度增加。

在市场顶部的形成过程中,交易量的关键性比在底部过程要逊色些。但是在某些场合,如果新生的下降趋势能够持续的话,交易量依然应当开始增加。而在市场的底部过程中,交易量则担负着更为关键的角色。

(四)发现价格目标

形态高度是测算价格目标的基础。具体做法是,先测出从头(点 C)到颈线的垂直距离,然后从颈线上被突破的点出发,向下投射相同的距离。举个例子,假定头顶位于 100,相应的颈线位置在 80,那么其垂直距离便是两者的差 20。如果颈线如图 7-1 所示,那么我们就应该从颈线上的突破点开始,向下量出 20 点。如果突破点位于 82,那么,向下突破的目标就被投射到 62(82−20＝62)的水平。

还有一种较简便的方法:先简单地量出下降运动中第一浪(从点 C 到点 D)的长

度,然后往下翻出一番。这两种情况的道理都是一样的,形态高度越大(即波动性越强),那么其"前程"便越远大。上述价格目标仅仅是最近的目标,而实际上,价格运动经常超过上述目标。当然,最大目标是原先趋势的整个范围。比如说,原先的牛市从30涨到了100,那么从顶反转形态得出的最大下跌目标便为30,从哪里来,还回撤到哪里去。从反转形态上,我们仅能预期市场对原先趋势的反转或回撤。

二、头肩底

头肩底恰好与头肩顶互为镜像。正如图7-2所示,它具有三个清楚的低谷,其中头(中间的谷)稍低于两肩。收市价格决定性地向上突破颈线,也是该形态得以完成的必要条件,而且它的测算技术也与头肩顶的一样。稍有差别的一点是,在底部,当颈线被向上突破后,市场更惯于反扑。

头肩顶和头肩底最重要的区别在与之配合的交易量。在判别头肩底形态及其突破的时候,交易量起到更为关键的验证作用。前面我们讲过,市场具有"因自重而下跌"的倾向性,因此在底部,当市场力图发动一轮牛市的时候,必得具有较大的交易量才行,也就是说,必须具有显著增强的买进推力。市场常常会因为惯性而下降,但市场却不因为惯性而上升。需求不足或者交易商缺乏买进兴趣等原因,经常就足以把市场压低。但只有在需求超过供给,并且买方比卖方更积极时,价格才能上涨。

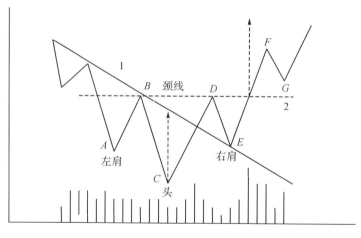

图 7-2 头肩底形态

在头肩底形态的前半部分,交易量形态同头肩顶很相似。就是说,头部的交易量比左肩的稍有减少。然而,在头部的上冲阶段,不但应该显示出交易活动有所增加,而且其交易量水平经常要超过左肩的上冲对应的交易量水平。右肩下跌部分的交易量应该非常少。关键时刻是市场突破颈线而上冲的时候交易量应明显增加。这一点是头肩底同头肩顶最大的区别,在底部强劲的交易量绝对是完成形态的关键组成部分。反扑在底部比在顶部更经常发生,不过,其交易量应该减少。随后,新的上升趋势应该在较大的交易量下恢复。头肩底的测算方法与头肩顶相同。

三、复杂头肩形态

在图标分析中,有时会出现一些头肩形的变体,称为复杂头肩形。这种形态可能呈现出双头或两个左肩和两个右肩的情况。它们不如其原型常见,但具有同样的测算意义。对付这种情况有个窍门,那就是利用头肩形所具有的强烈的对称倾向。单个的左肩通常对应着单个的右肩,双重左肩则使出现双重右肩的可能性增加了不少。

在所有的大宗商品期、现货交易中,并非所有的技术型交易商都愿意等到颈线突破后,才开立新头寸。如图 7-3 所示,较为大胆积极的交易者在相信自己已经正确地判明头肩底之后,在右肩形成过程中就开始尝试着买进,或者在右肩下跌完结的第一个信号出现时就买进了。

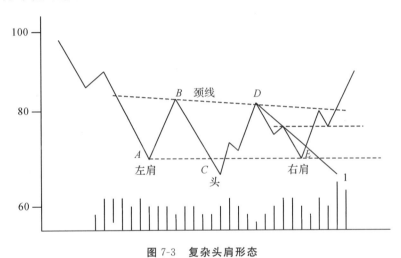

图 7-3　复杂头肩形态

有些人先测出从头部的底点上冲的距离(点 C 到点 D),然后在其 50％或 66％的回撤位置买进。还有些人会看看市场下方有无跳空存在,以之作为买进点。也有些人或许沿着点 D 和点 E 画出一条短期的下降趋势线,该趋势线一被突破便买进。有些人考虑到这种形态具有相当的对称性,从而当右肩的发展接近了左肩的低点的水平时买进。所以在右肩形成过程中,会发生许多预期性的买进行为。如果上述尝试性头寸果真有利可图,那么,在颈线被实际突破时或者在颈线突破后市场反扑时,交易商就会追加更多的买进头寸。

四、失败的头肩形态

一旦价格突破颈线,头肩形态就完成了,市场也就不应再返回颈线的另一边。在顶部,一旦颈线被向下突破了,那么随后任何一个收市价格返回到颈线上方,都是严重的警讯,表明此次突破可能无效。显而易见,这就是失败的头肩形态的由来。此类形态起初貌似典型的头肩形反转,但在其演化过程中的一定时刻(无论是在颈线突破前还是其稍后),价格将恢复原先的趋势。

由此,我们可以得出两条教训。其一,没有哪个图标形态百发百中。它们在大多数时间是成功的,但并不是永远如此。其二,技术型交易商必须永远警惕自己分析中的错误信号。在大宗商品投资市场,制胜的关键之一就是要尽快摆脱亏损的交易头寸,确保交易损失限于小额。在大宗商品投资行业,迅速地发现并承认自己的交易决策错误,及时采取保护性措施,这样的能力和意志力是难能可贵的,我们绝不可以等闲视之。

五、三重顶和三重底形态

我们在讨论头肩形态时所引入的大部分要领,也适用于其他种类的反转形态(见图 7-4 和图 7-5)。三重顶(底)比头肩形少见得多,它其实是后者的小小变体。其主要区别是,三重顶(底)的三个峰或谷位于大致相同的水平上(见图 7-4),在判断某个反转形态到底应属于头肩形还是三重顶的问题上,技术分析师经常有争议。因为两种形态其实是一回事,所以这种争论是迂腐的。

在三重顶中,交易量往往随着相继的峰而递减,而在向下突破时则应增加。三重顶只有在沿着两个中间低点的支撑水平被向下突破后,才得以完成。在三重底中,情况正相反,形态完成的必要条件是,收市价格向上越过两个中间峰值的水平。底部形态完成时,向上突破的交易量是否强劲有力,也是同样关键的。

它们的测算意义与头肩形相似,以形态的高度为基础。通常,价格在突破颈线后,由突破点起算,至少将要走出等于形态高度的距离。一旦突破,随后回向突破水平的反扑现象也很常见。考虑到三重顶(底)只是头肩形态的稍许变化,我们这里就不再赘述了。

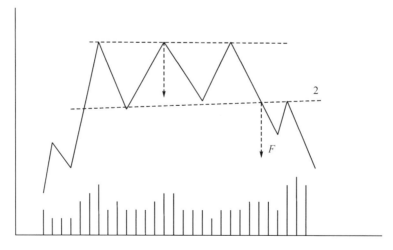

图 7-4　三重顶形态

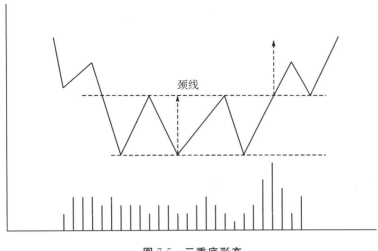

颈线

图 7-5　三重底形态

第三节　双重顶和双重底反转形态

一、双重顶和双重底形态

　　双重顶（底）的反转形态比三重顶（底）常见得多，这种形态仅次于头肩形，出现得也很频繁，且易于辨识（见图 7-6 和图 7-7）。图 7-6 和图 7-7 各展示了双重顶和双重底的两个例子。出于显而易见的原因，这类顶经常被称为"M 顶"，这类底被称为"W 底"。从一般特点上讲，双重顶与头肩顶、三重顶类似，只是此处只有两个峰。交易量形态与测算法则也均类似。

　　在上升趋势中（如图 7-6 所示），市场在点 A 确立一个新的高点，通常其交易量亦有所增加。然后，在交易量减少的背景之下，市场跌至点 B。到此为止，一切均符合上升趋势的正常要求，趋势进展良好。然而，下一轮上冲抵达了点 C 后，收市价格却无力突破前一个高点 A。接着，价格就开始跌回。与此同时，成交量开始萎缩，此时，开始发出一个双重顶的预警信号，在收市价格突破前一个低点 B 的支撑之后，双重顶就形成了。除非发生突破，否则价格可能仅仅是处于横向延伸的调整阶段中，为原先趋势的恢复做准备。

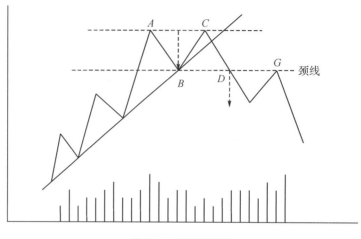

图 7-6 双重顶形态

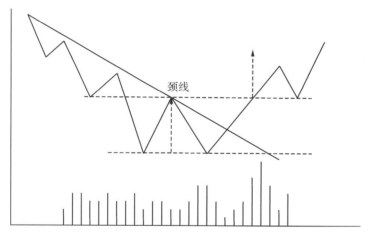

图 7-7 双重底形态

理想的双重顶具有两个显著的峰,且其价格水平大致相同。交易量倾向于在第一个峰时较大,而在第二个峰时较小。在较大交易量下,当价格决定性地收市于中间谷点 B 之下时,顶部形态就完成了,标志着趋势向下方的反转。以后,在下降趋势恢复之前,市场往往先要反扑回到突破点的水平。

二、双重顶的测算技术

双重顶的测算方法是,自向下突破点(中间谷点 B 即被突破的价位)开始,往下投射与形态高度相等的距离。另一种方法是,先测出双重顶中第一条下降轨迹(点 A 到点 B)的幅度,然后从中间谷点 B 开始,向下投射相同的长度。双重底的测算方法与双重顶一样,只是方向相反。

双重顶的形态价格必须真正跌破前一个向上反弹的低点(点 B),才能表明双重顶成立,不然就不成立。比如,在点 C,价格被前一个高点 A 挡下(见图 7-8)。这一变化在上升趋势中完全正常。然而,许多交易商在价格第一次试探前一个高点失败之后,马上就判断这个图形为双重顶。图 7-9 显示了在下降趋势中的对应情况。对技术分析师来说,要判定到底是双重顶反转形态的开端,还是仅仅是既存趋势的暂时挫折是极为困难的,所以明智的做法是,等到形态完成之后再采取相应的措施。

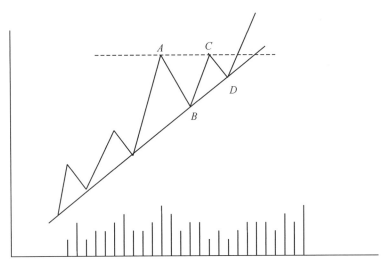

图 7-8　失败的双重顶形态

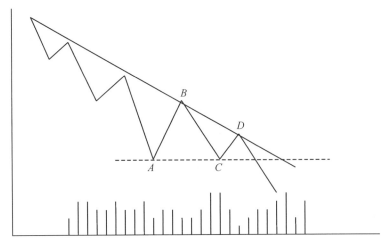

图 7-9　失败的双重底形态

三、两峰或两谷之间的持续时间很重要

形态的规模始终是很重要的信息。双峰之间持续的时间越长,形态的高度越大,则即将来临的反转的潜力越大。这一点对所有的图标形态而言,都是成立的。一般

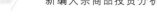

地,在最有效力的双重顶(底)形态中,市场至少应该在双峰或双谷之间持续一个月,有时甚至可能达到两三个月之久。这里所列举的大部分例子是市场的顶部形态。

双重底课程视频

双重顶课程视频

第四节　圆弧顶和圆弧底反转形态

一、圆弧顶和圆弧底形态

圆弧顶或圆弧底形态代表着趋势平缓地、逐渐地变化。图 7-10 和图 7-11 展示了这种图标形态。

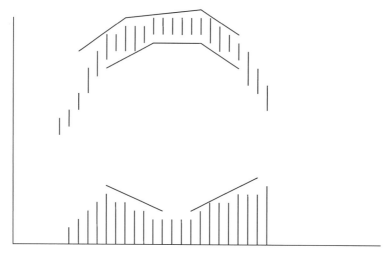

图 7-10　圆弧顶形态

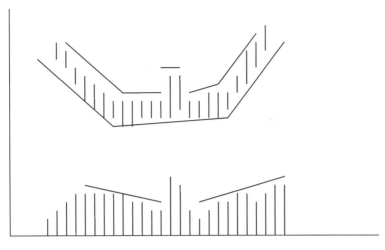

图 7-11　圆弧底形态

二、圆弧顶和圆弧底成交量特点

圆弧顶和圆弧底价格从上升到下降或者从下降到上升的变化过程,极为平缓。同时也请注意,图标下方的交易量也倾向于形成相应的盆状形态。在顶部和底部,交易量均随着市场的逐步转向而减少,最后,当新的价格方向占据主动时,又都相应地逐步增加。

有时在圆弧底中点稍后的位置上(如图 7-12 所示),价格在交易量异乎寻常地增大的背景之下突破,向上冲刺,然后又回落到缓慢的圆形形态过程中。在底部的末端,在交易量图上的圆弧底上,过了中点之后,交易量突然开始上升,随着价格进一步上涨,交易活动相应地逐步增加;平台出现时,交易量下降;接下来,当价格向上方突破时,交易量又进一步增加。

我们很难确切地说圆弧形态何时完成。如果在中点处价格上冲,后面价格突破这个高点,可能就是牛市信号。

第五节　　V 形反转形态

一、V 形形态

V 形反转形态可谓神出鬼没,在其出现时最难于判别,但它并不罕见。实际上,因为 V 形顶(底)其实不是形态,所以我们极难判定。前面所有的反转形态均代表着趋势的逐渐变化。现存趋势先逐渐放缓,进而供求双方的力量对比达到相对平衡,最终,买卖双方通过"拔河比赛",决定原有趋势到底是反转还是恢复。

在前面的各种形态中,价格有一段横向延伸的时间,分析者能够利用这个机会研究市场行为,仔仔细细地探求其去向。这种阶段称为转换阶段。这是绝大部分反转形态的特点。然而,V 形形态代表着剧烈的市场反转,同市场逐步改变方向的惯常方式大相径庭。当它发生时,在几乎毫无先兆的情况下,趋势出人意料地突然转向,随即向相反的方向剧烈地运动。因为其身后并无形态可寻,从而其本质是非形态的。这类变化极为经常地孕育在关键反转口或岛状反转之中。交易商如何预期这类形态的降临,从而在其实际发生时,及时地把它判别(或至少猜测)出来并采取适当的措施呢?

　　首先,事先必须有趋势存在。趋势以 V 形反转的现象,主要出现在市场持续上涨,一路很少调整或只有微小调整的情况下。通常,事前已经发生过数次价格跳空。当前的局面显得失去了控制,市场似乎已远远超出了绝大多数的正常预期。目前,大部分职业交易商对这种情况已经提高警惕了。交易商当然梦想着自己能够在这种脱缰了似的市场中赶上潮流。但是从某个时刻开始,即便是最富有经验的交易商也开始因为持续上涨而不安,这种情况就像骑虎难下。

二、V 形反转的形成条件

　　形成 V 形反转的主要条件是陡峭的趋势。其转折点以 K 线反转组合为依据,同时伴随着很大的交易量。有些时候,这种反转的唯一有效信号是,市场对其非常陡峭的趋势线的突破。移动平均线在这种情形下帮助不大。因为它的天性使它滞后于失控的价格变化。

　　随之而来的是价格的下跌,其通常在极短的时间内回撤到原先趋势的某个显要的比例(多达 1/3 或 5%)位置。发生这种反向剧烈运动的原因之一是,在原先趋势中缺乏支撑水平和阻挡水平,它一路上的许多价格跳空也留下了"真空"。

　　事情发生后,在市场顶部被套牢的人急于抛售,以摆脱亏损头寸,这就反过来进一步加快了下跌的速度。所以,另外一个危险的信号是,事前市场上高得非同寻常的持仓兴趣,尤其是在持仓兴趣的增长主要发生在原先趋势的后面部分的情况下,交易商面临着两难选择:一方面,市场趋势强劲,有利可图;另一方面,不得不选择恰当的时机,及时平仓出市,以免被套住。交易商总可以利用逐步尾随的保护性止损指令"让利润充分增长",这是既能防止趋势突然反向,又能充分积累利润的常用的方法。问题是,在市场失控之后,V 形反转突如其来,即使我们已经预先设置好止损指令,但是由于市场在相反的方向经常发生限价的情况,平仓出市变得特别困难。而如果交易商试图猜想此类顶部即将降临,预先平仓获利,那么结果通常是过早地出市,丧失了更多的潜在利润。当然,话说回来,没有人敢说发财是件如履平地的容易事。

　　这里,我们主要讲述了市场的顶部,底部介绍得较少。虽然本形态在两种情况下均有发生,但最剧烈的实例还是出现在顶部。

头肩形、圆弧形、V 形形态课程视频　　　　　反转形态 PPT　　　　　反转形态章节测试

第八章 持续形态

 育人目标

从交易失败中总结经验,鼓励学生不放弃,使其具备良好的投资心态,坚持每天进步一点点。

 **知识目标**

通过对本章的学习,了解持续整理形态图形,掌握日线图三角形、旗形、三角旗形、楔形和矩形持续形态的分析方法。

 能力目标

具备日线图的三角形、旗形、三角旗形、楔形和矩形持续形态的分析运用能力。

本章探讨的图标形态是持续整理形态。这类形态通常表示,图标上的横向伸展仅仅是当前趋势的暂时休止,下一步的市场运动将与事前趋势的原方向一致。前一章的那些形态通常表明趋势的反转正在形成,因此与这里介绍的对象截然不同。

反转形态与持续形态的另一个差别是它们的持续时间不同。反转形态的发展过程通常花费更长的时间,并且它也构成了主要的趋势变化。相反,持续形态通常为时较短暂,在更多的情况下,明显属于短暂形态或中等形态的类别。

请注意,我们连续使用了"通常"这个限定语。在所有的图标形态中,我们都不得不面对一定的普遍倾向性,没有严格的规则可循。三角形通常属于持续形态,但有时也会作为反转形态出现。

第一节 三角形

三角形可分为对称三角形、上升三角形和下降三角形。每种三角形均具备稍有差别的形状,也具有不同的预测意义。

对称三角形(见图 8-1)有两条逐渐聚拢的趋势线,上面的直线下倾,下面的直线上倾。左侧的竖直虚线,表示了形态的高度,称为底边,两条直线在右侧相交,交点称为顶点。对称三角形也被称为"绕线筒",显然这是针对其外形而称的。

上升三角形(见图 8-2)的下边线上倾,上边线水平。下降三角形(见图 8-3)与之相反,上边线下倾,下边线水平。下面我们就来分别进行研究。

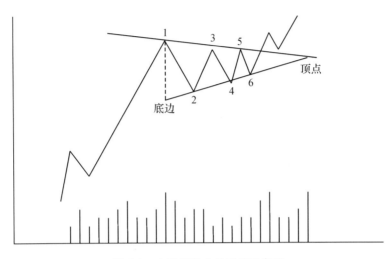

图 8-1　上升趋势中的对称三角形

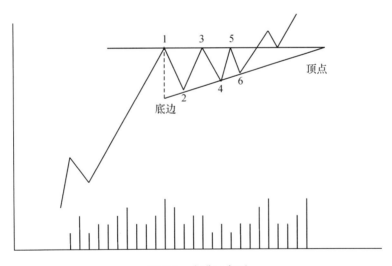

图 8-2　上升三角形

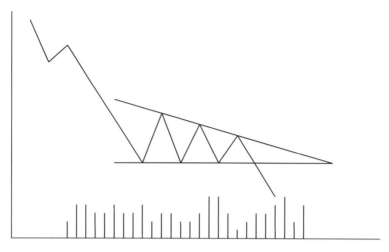

图 8-3　下降三角形

一、对称三角形

对称三角形（绕线筒）通常属于持续型形态。它表示原有趋势暂时处于休整状态，随后将恢复发展。在图 8-1 所示的例子中，原先趋势向上，因而最终价格向上突破三角形调整的可能性较大。如果原先趋势向下，那么对称三角形具有看跌的意义。

在三角形中，我们要求其中至少有 4 个转折点。请记住，至少需要 2 个点才能作出一条趋势线。因此，为了得到 2 条聚拢的趋势线，市场在每根线上必须至少发生 2 次转折。在图 8-1 中三角形实际上从点 1 开始，这也是上升趋势的调整的开端。接着价格撤回点 2，然后上冲到点 3。点 3 低于点 1。当价格从点 3 再度回落之后，我们方能作出上边趋势线。点 4 高过点 2。当价格从点 4 向上反弹之后，我们才能作出上倾的下边线。这时分析师才能判断这个形态可能属于对称三角形。

虽然三角形的最低要求是 4 个转折点，但是实际上，大部分三角形有 6 个转折点，如图 8-1 所示。这就是说在三角形内，其实包含了 3 个峰和 3 个谷，总共形成 5 个波浪。

（一）三角形完结的时间极限

三角形形态的完结具有时间极限，这就是两边线的交点——顶点。一般地，价格应该在三角形横向宽度的一半到四分之三之间的某个位置上，顺着原趋势方向突破。该宽度就是从左侧竖直的底边到右侧顶点的距离。因为两条聚拢的边线必定相交，所以，只要画出了两条边线，我们就可以测出向上突破的信号距离。如果价格始终局限于三角形内，并超出了上述四分之三的范围，那么，这个三角形就失去了分析意义，这通常意味着价格将持久地波动下去，直到顶点以外。

于是，三角形构成了价格与时间的一种有趣的结合。一方面，聚拢的趋势线界定了形态的价格边界,我们可以根据价格对上边趋势线的突破判断何时该形态完成。另一方面,两条趋势线通过其形态宽度提供了时间目标。举例来说,如果其宽度为20个星期,那么突破就应发生在第10周到第15周之间的某个时刻。

实际的趋势性突破信号,是以收市价格突破某条趋势线为标志的。有时候,价格突破后也会向这条趋势线反扑一下。在上升趋势中,上边的阻挡线被突破后演化为支撑线。而在下降趋势中,下边的支撑线被突破后变成阻挡线。在突破后,顶点也构成重要的支撑水平或阻挡水平。类似于前两章的有关内容,我们也可以应用各种突破原则来鉴别此处的突破。突破原则是以收市价突破趋势线,而不是以最高价或开盘价突破趋势线。

(二)交易量的重要性

在三角形内,价格的摆动幅度越来越小,交易量也应相应地日趋萎缩。这种交易量的收缩倾向,在所有的调整性形态中都普遍存在。但当趋势线被突破完成形态时,交易量应该明显地增加。在随后的反扑中,交易量减少。当趋势恢复时,同反转形态的情况一样,交易量在向上突破时比在向下突破时,更具重要意义。在所有调整形态中,当上升趋势恢复时,交易量的相应增加都是至关紧要的。而在向下突破时,交易量虽然也重要,但在开始几天内并不一定放量。事实上,当价格向下突破时,如果交易量明显放量,特别是在接近三角形顶点的情况下,反而可能出现虚假看跌的信号。

(三)测算技术

对三角形,我们也有测算技术。在对称三角形的情况下,一般可以采用几种方法。最简单的是,先测出三角形底边的高度(AB),然后从突破点起顺势测出相等的距离。图8-4展示了从突破点向相应方向投射等距离的情形。

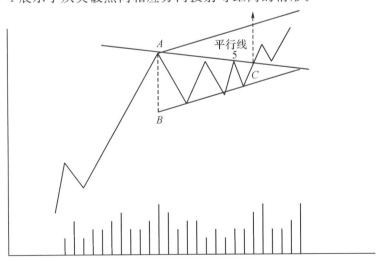

图 8-4 对称三角形突破的测算

第二种方法是,从底边的端点(点 A 处)出发,作出平行于下边趋势线的平行线。这条轨道线就是上升趋势上方的价格目标。因为市场还有一个特征,新的上升过程同以前的上升过程有差不多的坡度或倾角,所以,价格触及上方轨道线的地方既是价格目标,也是大致的时间目标。

二、上升三角形

上升三角形和下降三角形都是对称三角形的变体,但是它们分别具有不同的预测意义。图 8-5 是上升三角形的例子。请注意,其中上边趋势线持平,而下边线则上倾。该形态显示,买方比卖方更为积极主动。它属于看涨形态,通常以向上的突破作为完结的标志。

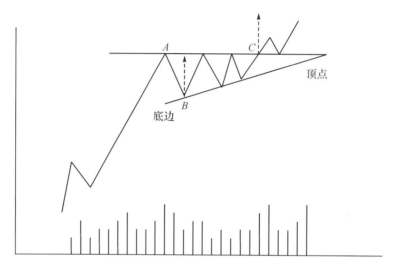

图 8-5　上升三角形突破后的测算

上升三角形和下降三角形均与对称三角形有着很重要的区别。上升三角形或下降三角形无论出现在趋势结构中的哪个部分,都具有明确的预测意义。上升三角形看涨,下降三角形看跌。另一方面,对称三角形在本质上属于中性形态。不过,这并不是说对称三角形不具备预测价值,相反,因为对称三角形是持续形态,所以,分析者只要找出原有趋势的方向,然后假设该既有趋势即将恢复。

有些人宣称,因为对称三角形没有先天性的偏向,所以,其本身不具预测价值。这种说法是错误的,因为对称三角形的结果通常是原先趋势的继续。很明显,对称三角形确实具有预测价值。

上升三角形经常是看涨的。其看涨的突破,以收市价格决定性突破上边水平趋势线为标志。正如所有各种有效向上突破那样,此时交易量应当显著地增加。随后市场对被突破趋势线的反扑也不罕见,但它应在较少的交易量下发生。

(一)测算技术

上升三角形的测算技术相对简单。先量出该形态的高度(*AB*),然后从突破点起,简单地向上投射出相等距离就行了。这也是利用价格形态的波动性来确定其价格目标。

(二)充当底部形态的上升三角形

上升三角形最常出现在上升趋势中,属于持续性形态。不过,它有时也会以底部形态的面目出现。但即使是在这种情况下,该形态的含义也仍然是看涨的。上边线的突破标志着底部形态的完成,构成了牛市信号。

三、下降三角形

下降三角形仅仅是上升三角形的镜像,一般认为,它属于看跌形态。注意,图 8-6 的上边线呈下倾趋势,下边线呈水平趋势。这种形态说明,卖方比买方更为积极主动。它通常是以向下突破而完结。向下突破信号以收市价决定性地跌破下边趋势线为标志,并且在通常情况下,交易量应有所增加。有时市场随后也会发生反扑现象,不过在下边趋势线下应受到压力回落。

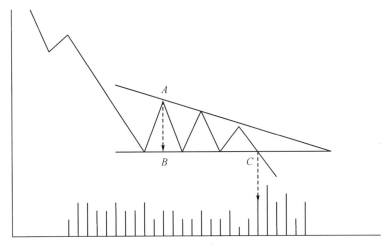

图 8-6　下降三角形突破后的测算

其测算技术与上升三角形完全相同:分析者先在左侧底边测得形态的高度,然后从突破点起,向下投射出相同的距离。

(一)充当顶部形态的下降三角形

尽管下降三角形属于持续形态,通常发生在下降趋势中,但偶尔也能在市场顶部发现其踪迹。当这种形态发生在顶部过程中时,要辨别它并不困难。在这种情况下,如果收市价低于水平的下边线,可能就标志着主要趋势的向下反转。

（二）交易量形态

在上升三角形和下降三角形中,它们的交易量形态很相似。随着形态的逐步发展,交易量也相应地萎缩,然后在突破时又大为增加。同对称三角形的情况一样,在其形成过程中,技术分析师可以细究交易量形态配合价格摆动所呈现出的信号,在上升形态中交易量倾向于在价格上弹时增加,而在价格下落时减少。在下降形态中,交易量应该在价格向下时增加而在向上反弹时减少。

（三）三角形的时间因素

关于三角形,我们最后要考虑的是它们的时间尺度。一般认为,三角形属于中等形态,即它的形成过程通常花费 1 个月以上的时间,但一般少于 3 个月。持续时间短于 1 个月的三角形可能属于另外的形态类别,例如旗形。三角形有时也会出现在长期的价格图上,但是就其自然本性来说,它还是日线图的专利。

四、扩大形态（喇叭形）

扩大形态,是三角形的不同寻常的变体,相对较少见。它其实是反向的三角形。三角形的两条边线都是相互聚拢的。喇叭形与此正相反,可谓名副其实。如图 8-7 所示,在扩大形态中,两条边线逐渐分离,呈现出喇叭的轮廓。

该形态的交易量也与众不同。在三角形中,随着价格的摆动幅度逐步缩小,交易量也倾向于相应地减少。但是在扩大形态中,情况恰恰相反。交易量随着价格摆幅的日益放大,而相应地增加。这种情况显示市场已失去控制,变得极为情绪化。因为该形态体现了公众参与交易活动非常积极的情形,所以最常发生在市场的主要顶部过程中。因此,喇叭形通常是看跌形态。

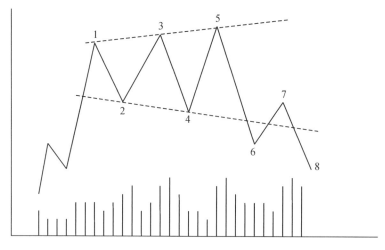

图 8-7　喇叭形

(一)喇叭形顶如何形成

图 8-7 例示了该形态最常见的外形。图中出现了三个依次增高的峰(点 1、点 3 和点 5),以及两个依次降低的谷(点 2、点 4)。显然,在这种形态下进行交易是极为困难的,因为在其形成过程中出现了许多错误信号。在前面关于顺应趋势的理论中,我们曾讲过,当前一个高点被向上突破时,通常意味着上升趋势的恢复,而价格向下突破前一个低点,一般表明下降趋势的开始或者恢复,但是这个形态却与上述理论背道而驰。在这里,如果交易者机械地根据向上或向下的突破信号采取行动,则必将受到损失。

(二)形态的完成

当来自第三峰的回落突破了第二谷(见图 8-7 点 6)之后,本形态就完成了,并且构成了主要看跌信号。如同检验所有的重要突破一样,为了减少错误信号,我们可借助各种过滤器。因为该形态具有三峰、两谷,有时又被称为五点反转形态。在该形态完成顶部过程,并发出看跌信号后,价格反扑是很正常的,其回撤幅度可能达到前一段下跌的 50%,再恢复下跌。尽管第三峰通常高于前二峰,但它偶尔也会达不到第二峰的高度。该形态实际上很像具有下倾颈线的头肩形顶。

(三)扩大形态小结

首先,扩大形态是相对少见的。不过它一旦出现了,通常便是市场的重要顶部信号。它的形状如同扩大的三角形,有三个依次上升的峰,两个相继下降的谷。在价格摆动幅度逐步增大的同时,伴随着交易活动的逐步增长。在第三峰完成后,如果价格跌破第二谷,就标志着该形态的完结。

五、钻石形态

钻石形态通常出现在市场顶部,是另一种相对罕见的形态。该形态的特别之处在于,它其实是由两种不同类型的三角形(扩大三角形和对称三角形)组合而成的。请看图 8-8,该钻石形的前一半类似一个扩大三角形,后一半是对称三角形。这种价格变化所对应的交易量形态是在形态前一半交易量增加,在后一半,交易量随着价格摆幅的日益缩小而逐渐减少。

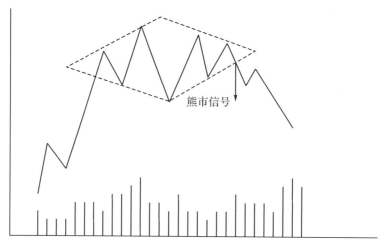

图 8-8　钻石形态

在这种形态中,先是两条边线逐渐分离,然后两条边线再逐渐聚拢,围成了与钻石相像的图形,钻石形态由此得名。该形态相对少见,一般出现在市场的顶部。它经常充当反转形态,而较少作为持续形态露面。在钻石形态的后半部分,当下边的上升趋势线被向下突破后,形态完成。一般在其向下突破时,会配合着交易活动的增加。

钻石形态的测算技术与前面三角形形态类似。我们先测出该形态最宽部分的垂直距离,然后,从突破点起向下投射相同距离。有时候也会出现反扑现象,市场回到下方的阻挡线附近,但新趋势应从这里恢复。

三角形形态课程视频

第二节　旗形和三角旗形

喇叭形和钻石形相对少见,而旗形和三角旗形在市场中出现得相当普遍。因为它们在外形上非常相似,往往出现在趋势结构中的相同位置上,并具备相同的交易量和测算原则,所以,我们通常把它们放在一起介绍。

旗形和三角旗形表示市场充满活力,但暂时处于休止状态。事实上,剧烈的、几乎是直线式的市场运动,是旗形和三角旗形出现的先决条件。这两种形态说明,市场的陡峭上升或下跌过快,因而需要稍做休整,再顺着原方向发展下去。

一、旗形和三角旗形的特征

旗形和三角旗形是两种最可靠的持续形态,仅在极少数情况下引发市场的反转。图 8-9 和图 8-10 分别是两者的图例。首先,请注意在形态出现前的陡峭上升的价格及其较大的伴随交易量。其次,请注意在该调整形成过程中交易量的急剧萎缩,以及在向上突破时交易活动的突然迸发。

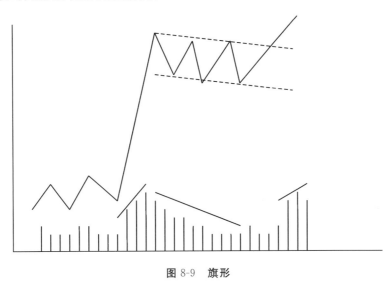

图 8-9　旗形

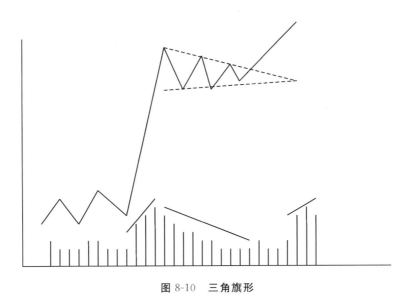

图 8-10　三角旗形

二、旗形和三角旗形的结构

这两种形态的结构稍有不同。旗形与平行四边形或矩形相像,是由两条向流行

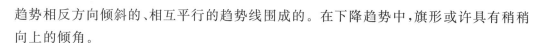

趋势相反方向倾斜的、相互平行的趋势线围成的。在下降趋势中,旗形或许具有稍稍向上的倾角。

三角旗形以两条相互聚拢的趋势线为特征,从总体上说,更呈现出水平方向发展的特点,极像小的对称三角形。在这两种形态中,还有一个重要的先决条件。随着两个形态的逐渐形成,交易量应该显著地减少。

相对而言,两种形态都是短期的,应当在一到三个星期内完成。旗形和三角旗形在下降趋势中延续时间往往较短,经常不超过一到两周。在上升趋势中,两种形态的完成均以对上边趋势线的突破为标志。

而在下降趋势中,下边趋势线的突破意味着下降趋势的恢复。对上述趋势线的突破应当发生在较大交易量的背景下。通常,向上突破时的交易量因素比向下突破时,起着更为关键的验证作用。

两个形态的测算意义是一致的。旗形和三角旗形被比喻成旗帜在旗杆中点作"降半旗状"。旗杆就是先前的剧烈上升或下跌的轨迹。而"半旗"的含义是,这类小型持续形态倾向于出现在整个运动的中点。一般地说,在形态完成之后,即趋势恢复后,市场将重复原先的那一半"旗杆"。

两种形态的总结要点:

(1)在两者之前,市场上几乎都是直线式的价格运动(称作旗杆),且其交易量较大。

(2)然后,价格在非常少的交易量下休整一到三个星期。

(3)趋势恢复,同时交易活动迸发式地增强。

(4)两种形态均出现在当前市场运动的中点附近。

(5)三角旗形同小型的水平向对称三角形相像。

(6)旗形类似平行四边形,其倾斜方向与原趋势相反。

(7)在下降趋势中,两种形态持续时间都较短。

第三节　楔形

就外形和持续时间两方面看,楔形与对称三角形相似,该形态也以两条相互聚拢的趋势线为特征,其交点称为顶点。从时间角度看,楔形通常持续一个月以上,但不超过三个月,从而属于中等形态的范畴。

一、楔形的特点

楔形的特点在于其明显的倾角上。楔形具有鲜明的倾角,方向很明确,要么向上,要么向下。一般地说,楔形如同旗形一样,其倾斜方向与流行趋势相反。于是,下降楔形属于看涨形态,而上升楔形为看跌形态。注意,图 8-11 是一个看涨楔形,两条趋势线分别朝下聚拢。而在图 8-12 所示的下降趋势中,两条聚拢的趋势线都是倾斜向上的。

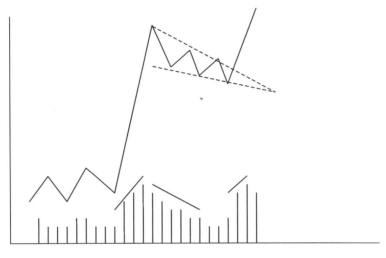

图 8-11　下降楔形

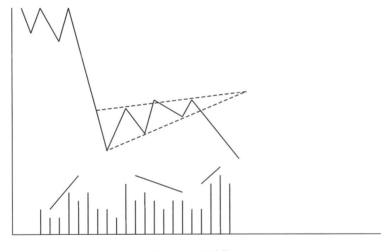

图 8-12　上升楔形

二、充当顶部或底部反转形态的楔形

楔形通常属于持续形态,但也可能出现在顶部或底部行情中,标志着趋势的反转。但这种情况比前者少见得多。比如在上升趋势接近尾声时,技术分析师发现一个上升楔形,这就值得怀疑。因为在上升趋势中,持续性楔形应当逆着流行趋势倾斜向下,那么,这个不寻常的上升楔形就成了一条重要线索,这是看跌而不是看涨。在底部,下降楔形可能是熊市终结的警讯。

无论楔形出现在市场运动的中间还是尾部,市场分析师总能从以下这条经验中得到些启发：上升楔形看跌，下降楔形看涨。

市场在从楔形形态中突破之前，通常至少要朝顶点经历过其全部距离的三分之二，有时甚至直达顶点后，形态才告完结。在楔形中，价格倾向于一直移动到顶点，然后才能突破。这是它与对称三角形的另一个区别。在楔形形成过程中，交易量应当减少，而在突破时交易量应增加。楔形在下降趋势中比在上升趋势中持续的时间更短。

第四节 矩形

矩形也是趋势中的休整过程。在该形态中，价格在两条平行的水平直线之间横向伸展（见图 8-13 和图 8-14）。它通常只是原趋势的调整阶段，最终市场将顺着之前的趋势方向发展。从预测意义这方面来看，它算是与对称三角形类似，但它的两条趋势线边线都是水平直线，而不是聚拢相交的直线。

一、矩形的特点

当价格决定性地收市于上边线或下边线以外时，矩形形态完成，并且向原趋势发展。不过市场分析者必须始终保持警惕，留意矩形调整会不会演化成反转形态。例如，在图 8-13 所示的上升趋势中，请注意，其中三个峰或许可能演化成三重顶反转形态。

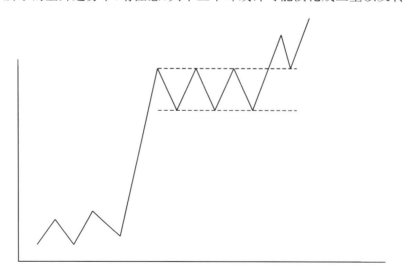

图 8-13　上升趋势中的矩形

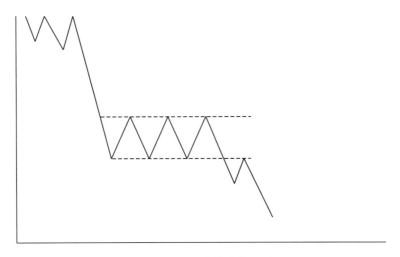

图 8-14　下降趋势中的矩形

二、交易量形态的重要性

在这种形态中,交易量形态是值得观察的重要线索。因为价格向两个方向的摆动幅度均相当广阔,所以分析者应当密切注意在哪个方向上交易量更大。如果在价格上冲时交易量较大,而下撤时交易量较小,那么该形态可能是上升趋势中的持续形态。如果较大的交易量发生在向下运动这一边,那么这可以看成趋势可能正在反转的警讯。

三、其他相似性和差异性

就持续时间来说,矩形通常整理 1 个到 3 个月,与三角形和楔形类似。但其交易量形态与其他持续形态有所不同。由于矩形的价格摆动范围广阔,避免了在其余形态中通常可见的交易活动萎缩的现象。

关于矩形,最常用的测算技术是基于价格区间的高度的。我们先从顶到底量出交易区间的高度,然后从突破点起,顺势投射相等的垂直距离。本方法类似于前面提到的各种垂直测算技术,也是以市场波动性为基础的。

旗形、楔形、矩形形态课程视频

持续形态 PPT

持续形态章节测试

第九章 交易量和持仓兴趣

 育人目标

学生应在每天收盘后通过交易软件收集当天的价量仓数据,养成写交易日记的良好习惯。

 **知识目标**

通过对本章的学习,理解交易量和持仓兴趣的定义,掌握日线图交易量和持仓兴趣的理论知识及分析方法,理解并分析涨爆和抛售高潮行情。

 能力目标

具备日线图的交易量和持仓兴趣的分析运用能力。

大宗商品投资市场技术分析者需要同时跟踪价格、交易量和持仓兴趣,以使自己的分析手段具备三度空间。尽管在商品市场上能得到每个交割月份合约的交易量和持仓兴趣,但我们一般只使用同一商品的总额进行预测。当然,投资者也应该关注每个交割月份的个别持仓兴趣,以把自己的交易活动集中到最活跃的合约上。

前几章,我们关于图标分析理论的讨论主要是围绕着价格进行的,顺带提及交易量。在本章中,我们将进一步介绍交易量和持仓兴趣在预测过程中的作用,从而引入第二度空间和第三度空间。

我们要给交易量和持仓兴趣恰当的地位。价格显然是最重要的因素,交易量和持仓兴趣是次要的,主要作为验证性指标使用。而在这两者之中,交易量比持仓兴趣重要些。如果我们把三类信息按重要性从 1 到 10 排列出来(数字越大越重要),那么,价格为 5,交易量为 3,持仓兴趣为 2。

第一节　交易量和持仓兴趣概述

一、交易量

交易量是指某特定单位时间内成交的合约总额。因为我们主要研究的是日线图,所以,我们最关心的是每日的交易量。每日交易量在 K 线图下部的副图区,以一个个柱体表示,如图 9-1 所示。交易量的比例尺标在图左侧,即价格刻度的下方。

图 9-1　交 易 量

二、持仓兴趣

到某日收市时,所有未平仓了结的合约的总数就是当日的持仓兴趣,如图 9-2 下面的指标图区所示。持仓兴趣的刻度标在图的下部左侧。在商品市场上,交易所顺延一天发布正式的交易量和持仓兴趣的报告。从而在图上,也相应地出现一天延迟的情况(每天我们只能获得上一个交易日这两种信息的估计数字)。这就是说,分析师每天可以作出最近一个交易日的开市价、最高价、最低价和收市价的价格线段,但只能作出这一日的前一个交易日的正式交易量和持仓兴趣。

图 9-2　持仓量

三、交易量和持仓兴趣技术分析

持仓兴趣代表市场上多头一边或空头一边的未平仓合约的总数,而不是两方的总和。持仓兴趣以合约张数为单位。市场上只有买方和卖方撮合成功才能生成一张合约。在每日公布的持仓兴趣数字后,总跟着一个正数或者一个负数,这就是仓差(见图 9-3),分别表示这一天相应的合约张数的增加或者减少。正是持仓水平的变化为投资者入市出市技术分析提供信号,从而使持仓兴趣具备了预测价值。

名称	最新	现手	买价	卖价	买量	卖量	成交量	涨跌	持仓量	仓差
金属指数	2714.66	1	---	---	0	0	26557	-14.74	0	0
沪铜连续	48510	20	48500	48510	80	5	3040	30	16520	-350
沪铜连三	47460	50	47450	47460	13	38	54826	0	195466	1004
沪铜连四	47370	2	47360	47370	4	45	11662	20	58970	1724
沪铜1501	47190	2	47190	47240	1	4	74	-10	5398	-10
沪铜1502	47140	2	47180	47250	21	2	32	-50	2296	22
沪铜1503	47100	2	47150	47230	1	1	12	-90	1240	0
沪铜1504	47230	2	47140	47210	1	1	4	50	2040	2
沪铜1505	47090	2	47110	47190	4	2	26	-70	2104	18
沪铜1406	48510	20	48500	48510	80	5	3040	30	16520	-350
沪铜1407	47990	4	47990	48000	2	25	14322	-70	132164	-1966
沪铜1408	47670	6	47670	47680	50	126	162022	-10	272972	-10682
沪铜1409	47460	50	47450	47460	13	38	54826	0	195466	1004
沪铜1410	47370	2	47360	47370	4	45	11662	20	58970	1724
沪铜1411	47300	4	47290	47300	17	4	2716	-10	24746	906
沪铜1412	47250	2	47240	47280	35	37	384	10	17182	260

图 9-3　仓差

根据不同的交易性质分析持仓兴趣的变化很关键,为了掌握其中的奥妙,我们必须先理解每笔交易如何对该持仓数字发生影响。

每当交易所大厅内一笔交易完成后,持仓兴趣就有三种变化的可能性:增加、减少,或不变(见表 9-1)。下面我们看看这些变化是如何发生的。

表 9-1　交易对持仓兴趣的影响

	买方	卖方	持仓兴趣的变化
1	买进新多头头寸	卖出新空头头寸	增加
2	买进新多头头寸	卖出原多头头寸	不变
3	买回原空头头寸	卖出新空头头寸	不变
4	买回原空头头寸	卖出原多头头寸	减少

在第一种情况下,买方和卖方均开立了新头寸,产生了新的合约。在第二种情况下,买方建立新的多头头寸,但卖方只是平仓了结原多头头寸。一方入市交易,另一方退出市场,合约总数没有变化。在第三种情况下,情况也一样,只是此处卖方开立了新的空头头寸,而买方只是平仓了结原空头头寸。也是一方入市,一方退出,合约总数不会有任何变化。在第四种情况下,交易双方都平仓了结原有头寸,从而持仓兴趣减少。

综合上述,如果买卖双方均建立了新的头寸,则持仓兴趣增加。如果双方均是平仓了结原有头寸,则持仓兴趣减少。如果一方开立新的交易,而另一方平仓了结原有交易,那么持仓兴趣维持不变。在每个交易日结束之后,技术分析师通过观察持仓兴趣的净变化,就能确定资金到底是流入市场,还是流出市场。根据这个信息,技术分析师能够就当前市场趋势的坚挺或疲软程度做出一些推测。

四、交易量和持仓兴趣的一般解释规则

市场技术分析者一般把交易量和持仓兴趣的信息综合应用于市场分析之中。因为交易量和持仓兴趣两者颇为相似,所以,我们把它们的解读规则合起来介绍。不过,两者之间毕竟有所不同。我们首先叙述一下两者共同的一般规则,然后分开讨论,最后把它们综合起来(见表 9-2)。

表 9-2　交易量、持仓兴趣对市场的影响

价格	交易量	持仓兴趣	市场
上涨	增加	上升	坚挺
上涨	减少	下降	疲软
下跌	增加	上升	疲软
下跌	减少	下降	坚挺

如果交易量和持仓兴趣均上升,那么,当前趋势很可能按照现有方向继续发展。如果交易量和持仓兴趣都下降,那么,我们就把这种变化本身视为当前趋势即将终结的警讯。下面我们来分别考察交易量和持仓兴趣。

交易量与持仓兴趣课程视频

第二节　交易量和持仓兴趣分析

一、交易量分析

交易量水平是对价格运动背后的市场的强度或迫切性的估价。交易量越大,则反映出的市场的强烈程度和压力就越大。技术分析师通过观察配合价格变化的交易量的水平能够较好地估量市场运动背后买入或卖出的压力。我们也可以利用这个信息来验证价格运动,或者将其作为识别价格变化可靠与否的警讯。

如果把这个规则表达得更简些,那么,交易量应当配合现有价格趋势相应地增加或减少。在上升趋势中,当价格上升时,交易量应加大,而在价格回跌时,交易量则应减少或收缩。只要上述情形仍在持续,那就说明交易量正在验证价格趋势。

同时,我们也要密切关注相互背离现象,如果在上升趋势中,价格向上突破了前一个波峰,而与之同时,交易量反而有所减少,那么就发生了背离现象。这就说明市场的买入压力正在减轻。如果交易量在价格下跌时还不断增加,那么就要注意上升趋势即将发生变化了。

(一)交易量验证价格形态

前面形态分析中提到头肩顶成立的信号之一就是在头部形成过程中,当价格冲到新高点时交易量在萎缩,而在随后跌破颈线时交易量放量。在双重顶和三重顶形态中,当价格上冲到每个后继的峰时,交易量都较少,而在随后的回落中,交易量却较多。在上升趋势的持续形态中,如三角形,在整理过程中交易量逐渐下降。一般地,所有价格形态在最后突破时,只要这个突破信号是成立的,那么它就应当伴有较多的交易活动。

在下降趋势中,当价格下跌时交易量应较大,而在价格上弹时较小。只要交易量的变化保持上述特点,那么就说明卖出压力大于买进压力,下降趋势也将持续下去。仅当这种情形发生了变化后,才能分析市场的底部信号。

(二)交易量领先于价格

在对价格和交易量的分析中,我们实际上是使用两种不同的工具来分析市场力量。较大的交易量应当发生在与市场的原有趋势一致的方向上,无论是在上升趋势中价格上涨压力的减小,还是在下降趋势中价格下跌压力的减小,都通过交易量预先反映出来了。而就价格本身来说,这一点要等到价格趋势实际反转时才能体现出来。

(三)权衡交易量(OBV)法

在交易量指标中,OBV(On Balance Volume)法是最简单、最著名的权衡交易量指标,以定量表示市场的买压或卖压。OBV 法是格兰威尔(Joseph E. Granville)创立的,并通过他的《格兰威尔氏股市获利新秘诀》(普伦蒂斯·霍尔版,1963 年)而广为流行。OBV 法实际上是沿着价格图标的底部添了一条交易量的曲线(见图 9-4)。我们既可以用这条曲线来验证当前价格趋势的可靠性,也可以通过它与价格变化的相互背离现象,来获得趋势即将反转的警讯。

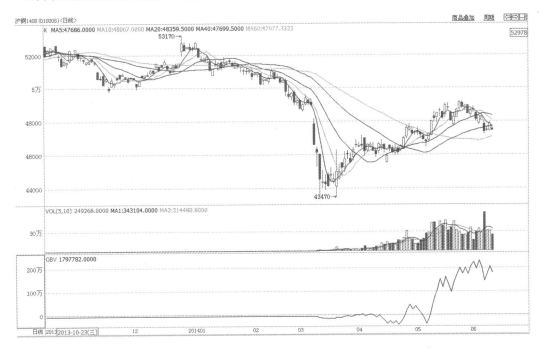

图 9-4　OBV 图

累积能量线(OBV)＝前一天的 OBV±当日成交量。

OBV 线的构造方法很简单。我们先把每一个交易日的收市价格与相邻的前一个交易日的收市价格相比较,得出其相对高低,然后,在当日的交易量数值前,对应地添加一个正号或负号。当日收市价高于前日收市价,成交量定义为正值,取正号;当日收市价低于前日收市价,成交量定义为负值,取负号;二者相等时计为 0。再选定一个基准日,从基准日起到当日止,逐日按照上述方法得出每日的交易量数值,然后把

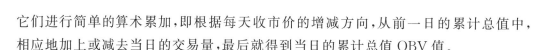

它们进行简单的算术累加,即根据每天收市价的增减方向,从前一日的累计总值中,相应地加上或减去当日的交易量,最后就得到当日的累计总值OBV值。

在这种方法中,具备重要意义的是OBV线的趋势,而不是该数字本身的实际水平。

OBV线应当与价格趋势方向一致。如果在价格图上反映出一系列依次上升的峰和谷,那么OBV线也应当如此。而如果价格趋势向下,则OBV线的趋势也应当向下。恰恰是在权衡交易量线与价格趋势不协调一致的情况下,构成了相互背离现象,警告我们趋势有可能要反转。

对于OBV线,我们也可以采用各种技术指标进行分析。在OBV线上,峰和谷也是显而易见的。同时,我们也可以把趋势线分析和移动平均线方法移植过来,用于辨别OBV值的趋势反转。另外,摆动指数分析也完全适用于权衡交易量线。

(四)交易量累积(VA)法

利用权衡交易量,我们能够相当有效地达到上述目的,但它也有一些缺点。比如,仅仅根据当天的收市价的高低,就决定全天交易量的正负,这看起来并没有充分的依据。试想,如果市场的收市价只比前一天高出一两个点,我们就在全天的交易活动量前标上正号就失去合理性了,技术分析师尝试了许多种OBV法的变通办法,以求发现真正的向上的交易量和向下的交易量。

变通办法之一:给趋势较强的日子赋予较大的权重。比如,在价格上升的日子,就用价格的涨幅乘以交易量。本方法虽然依旧采用正负号,但我们把价格变化较大的日子给予了较大的权重,从而减少了价格实际变化较小的日子的影响。

变通办法之二:马克·蔡金设计的交易量累积法(VA法)。蔡金的交易量累积法利用日内价格变化来估计当日的交易量。一般认为,这种方法在股市中更有用,但是它也同样适用于大宗商品投资市场,特别是具有大量投资者参与的期货市场。OBV法给全天的交易量都标上正号或负号,但VA法只按当日交易量的一定比例计入正负符号。根据收市价同当日平均价的相对高低,也就是说,如果价格收于全日平均价之上,则当日交易量的一定比例便标正号。如果价格收于中点之下,则当日交易量的一定比例就标为负号。仅当收市价与当日最高价相同时,我们才把全天的交易量都计为正值。如果情况正好相反,即收市价恰好位于当日最低价,那么,我们把当日所有的交易量均计为负值。

我们假定基准日的起算值为10000,并通过以下公式来构造VA图线:

$$VA = \{[(C-L)-(H-C)]/(H-L)\} \times V \qquad (式9\text{-}1)$$

其中:H为当日最高价,C为收市价,L为最低价,V为交易量。

交易量累积线与价格变化的配合使用方法与OBV线完全一致,它或者同价格变化相互验证,或者与之相互背离。为了跟踪VA线的趋势,我们也可以采用各种技术工具。

二、持仓兴趣分析

持仓兴趣的解释规则同交易量大体类似,这里做进一步的说明。

(1)在上升趋势中,当价格上涨时,如果持仓兴趣总额的增加超过其季节性平均值的增加(5 年平均值),就说明新的资金正在流入市场,反映出新的买方行动大胆积极,所以,这是一个看涨信号。

(2)在上升趋势中,当价格上涨的时候,如果持仓兴趣下降超过了其季节性的下降,那么就说明这种价格上冲主要来自空头者买进斩仓的行为。这时候,资金从市场流出而不是流入。在这种情况下,一旦上述被迫平仓了结空头头寸的过程完成,上升趋势很可能就要失去上涨的推动力,因此这是一个看跌信号。

(3)在下降趋势中,当价格下跌时,如果持仓兴趣总额的增加超过了其季节性平均值的增加,那么就说明新的资金正流入市场,反映出新的卖方行动大胆积极。这就表明下降趋势将持续下去的可能性更大,因此这是一个看跌信号。

(4)在下降趋势中,当价格下跌时,如果持仓兴趣总额的减少超过了其季节性的减少,那么这种价格下跌主要是日益蒙受损受的多头止损平仓行为所引起的。在这种情况下,一旦持仓兴趣减少得足够多,多头交易者完成卖出平仓的过程,下降趋势很可能即将终结。因此这是表明市场逐渐坚挺的技术信号。

下面我们把上述四点归纳一下:

第一,在上升趋势中,持仓兴趣增加是看涨信号。

第二,在上升趋势中,持仓兴趣减少是看跌信号。

第三,在下降趋势中,持仓兴趣增加是看跌信号。

第四,在下降趋势中,持仓兴趣减少是看涨信号。

持仓兴趣具备重要意义的其他情形,除了上述倾向性以外,还有其他一些市场环境,如果我们研究一下持仓兴趣也能有所助益。

(1)当一场主要的市场运动接近尾声时,持仓兴趣已经随着价格趋势的整个过程增加到一定的高度了,那么,一旦持仓兴趣不再继续增加乃至开始减少,就是趋势即将生变的预警信号。

(2)如果在市场顶部,持仓兴趣处在高水平,而价格下跌又突如其来,那么这是一个看跌信号。这种情况就意味着,在上升趋势接近尾声时建立多头头寸的所有多头交易者均处于损失之中。他们被迫卖出斩仓,使价格遭到了压力。

(3)如果在市场横向延伸的调整期间,持仓兴趣逐渐积累增加,那么一旦发生向上或向下的价格突破,随后而来的价格运动将会加剧。当市场处于犹豫不决的状态时,没人能够确切地知道新趋势即将向哪个方向突破。但是,持仓兴趣的增加表明,许多交易商已预期行情将突破,并相应地建立了头寸。一旦突破果然发生,那么许多交易商将陷于市场对自己不利的一边。

我们假设市场上出现了一个为期 3 个月的横向交易区间,与此同时,持仓兴趣快步上升了 10000 张合约。这个数字意味着,在这个时期内,市场上新增开了 10000 个多头头寸和 10000 个空头头寸。现在价格向上突破,开创了 3 个月来的新的最高价。因为此时价格处在 3 个月来的最高点,那么开立的每一个空头头寸均处于亏损状态中了。于是,那些蒙受损失的空头持有者,争相买进平仓,如此一来,将进一步加强价格上涨的推动力。一直到所有的 10000 个空头头寸或其中绝大部分均已买进平仓之后,这股力量才会平息,而在此期间,价格将保持坚挺。如果当初的突破方向向下,那么就该多头持有者争相卖出平仓了,而空头持有者就坐收渔利了。

(4)在价格形态完成时,持仓兴趣的增加可验证新趋势信号的可靠程度。比如,在头肩底形态中,当颈线被向上突破时,如果在交易量增长的同时,持仓兴趣也相应增加,那么该底部形态就更为可靠。

三、交易量和持仓兴趣规则

关于价格、交易量及持仓兴趣的几个较为重要的方面:

(1)只能以交易量和持仓兴趣的总额作为预测依据。

(2)对持仓兴趣必须做季度性修正。

(3)如果交易量和持仓兴趣增长,就意味着当前价格趋势可能持续发展。

(4)如果交易量和持仓兴趣萎缩,就表明当前价格趋势或许将转变。

(5)交易量超前于价格。从交易量的变化可以判断买方或卖方力量的消长,因而它领先于实际价格的变化。

(6)OBV 法可以更好地揭示交易量压力的方向。

(7)在上升趋势中,如果持仓兴趣突然停止增长,甚至开始下降,那么经常是趋势反转的信号。

(8)如果在市场顶部,持仓兴趣明显加大,那就需要警惕,因为这种情况大大增加了市场向下的压力。

(9)在调整期间,如果持仓兴趣累积增长,那么就强化了市场随后的突破。

(10)交易量和持仓兴趣的增长有助于验证价格形态的确定,也有助于验证趋势反转的重要信号。

四、涨爆和抛售高潮

涨爆和抛售高潮这两种情况经常发生在市场顶部或底部。涨爆出现在市场顶部,抛售高潮则在市场的底部。在市场顶部发生涨爆的具体情况是:价格经过长期上涨后,突然急剧上冲,与之同时,交易量也大为增加,持仓兴趣却显著地下降。在抛售高潮中,价格在长期下跌的基础上,突然急剧地坠落,与之同时,交易量大大增加,而持仓兴趣则大幅下降。

在这两种情况下,我们都必须密切注意两点:一是交易量的陡然放量,二是持仓兴趣的急剧萎缩。在价格向上或向下过分伸展的情况下,如果两个因素一起出现,就表明当时在市场上正发生着大规模的平仓活动,从而警告我们风雨即将来临,趋势很可能就要突然变化了。

价量仓分析课程视频

阶段性的价量仓
分析课程视频

交易量与持仓
兴趣 PPT

交易量和持仓
兴趣章节测试

第十章　移动平均线

育人目标

通过均线参数的选择和计算,培养学生的探索和验证精神,通过查阅 MA 文献,提高学生的自学能力。

知识目标

通过对本章的学习,理解移动平均线的定义和移动平均线的计算方法,了解移动平均线的特点,掌握一条移动平均线分析、两条移动平均线分析和三条移动平均线分析的方法。

能力目标

具备日线图移动平均线的分析运用能力。

移动平均线是当今应用最普遍的技术指标之一,是由著名的投资专家格兰威尔于 20 世纪中期提出来的。均线理论是以道琼斯的"平均成本概念"为理论基础,采用统计学中"移动平均"的原理,将一段时期内的商品价格平均值连成曲线用来显示商品价格的历史波动情况,进而反映市场未来发展趋势的技术分析方法。它是道氏理论的形象化表述。它帮助交易者确认现有趋势、判断将出现的趋势、发现过度延伸即将反转的趋势。

因为它的构造方法简便,而且易于定量检验,所以它构成了绝大部分自动顺应趋势系统的运作基础。

移动平均线的规则可以简易地编成计算机程序,然后由计算机自动地生成各种买入信号或卖出信号。从平均线得出的趋势信号相对较精确,不随我们的主观意志而变。

第一节　移动平均线概述

一、移动平均线的定义

移动平均线（Moving Average，简称 MA）原本的意思是移动平均，由于我们将其制作成线形，所以一般称为移动平均线，简称均线。它是将某一段时间的收市价之和除以该周期。比如日线 MA 5 指 5 天内的收市价之和除以 5。

移动平均线常用线有 5 天、10 天、30 天、60 天、120 天和 240 天的指标。其中，5 天和 10 天的短期移动平均线，是短线操作的参照指标，称日均线指标；30 天和 60 天的是中期均线指标，称季均线指标；120 天、240 天的是长期均线指标，称年均线指标。

二、移动平均线的特点

移动平均线是具有滞后特点的平滑工具。移动平均线实质上是一种追踪趋势的工具。其目的在于识别趋势的变化，跟踪趋势的进程。我们也可以把它看成弯曲的趋势线。然而，正统的图标分析从不企图领先于市场，移动平均线也不例外，它也不超前于市场行为，它只追随着市场。仅当事实发生之后，它才能告诉我们，新的趋势已经启动了。

移动平均线是一种平滑工具。通过计算价格数据的平均值，我们绘制出一条起伏较为平缓的曲线。就其本质来说，移动平均线滞后于市场变化。短期 5 天或 10 天的移动平均线比 30 天的平均线更贴近价格变化。尽管较短期的平均线能减小时滞的程度，但绝不能彻底地消除之。短期平均线对价格变化更加敏感，而长期移动平均线则迟钝些。在某些市场上，采用短期移动平均线更有利。而在另外的场合，长期平均线虽然迟钝，也能发挥所长。（见图 10-1）

图 10-1　5 日均线和 20 日均线

三、移动平均线的计算

在上面的例子中,我们所采用的平均值都是从收市价中计算得来的。一般认为,收市价是每个交易日最重要的价格,因此,在构造移动平均线时用得最普遍,但也有分析师采用最高价或最低价,还有技术分析师采用中价,把每天的最高价、最低价和收市价加在一起,然后除以 3,再代入移动平均值的计算式。还有的技术分析师则同时采用每天的最高价和最低价,分别求出两条移动平均线来,最后得到一条"价格带"。在这种方法中,有两条移动平均线,它们相互分开,中间形成了一条所谓价格波动的"容器",或称"包容带"。尽管这些变通算法有助于分析,但在移动平均线的算法中,最常用的仍然是收市价格。

(一)简单移动平均值

最常用的均线就是采用简单移动平均值,即算术平均值。但是,也有人怀疑其效果。比如,简单移动平均值的每一天计算权重都一样。有些技术分析师认为,距当前越近的日子的价格变化应当具有越大的权重。

$$MA(n) = \frac{\sum_{i=1}^{n} c_i}{n} \qquad \text{(式 10-1)}$$

(二)线性加权移动平均值

为了解决上述权重问题,有人提出了"线性加权移动平均值"的概念。在这种算法中,如果以 10 天平均值为例,那么,第 10 天的收市价要乘以 10,第 9 天乘以 9,第 8 天乘以 8,依此类推。这样,越靠后的收市价,权重越大。当然,下一步,我们要把其总和除以上述乘数的和(在本例中为 55:10+9+8+…+1=55)。无论如何,线性加权移动平均值法依然没有解决前一个问题,即它仍然仅仅包含平均值移动区间内的价格。

$$MA(n) = \frac{C_1 \times 1 + C_2 \times 2 + C_3 \times 3 + \cdots + C_n \times n}{1 + 2 + 3 + \cdots + n} \qquad \text{(式 10-2)}$$

(三)指数加权移动平均值

指数加权移动平均值是一种更为复杂的平均方法,它解决了简单平均值法的缺点。首先,指数加权移动平均值给最近的价格较大的权重,因此,它具有加权平均值的性质。尽管过去的价格权重较小,却也囊括了自期货合约上市以来所有的历史价格。

$$Y = \frac{2}{n+1}C + \frac{n-1}{n+1}Y' \qquad \text{(式 10-3)}$$

第二节　移动平均线技术分析

一、单条移动平均线分析

技术分析师最常用的是简单移动平均线,有些交易商只采用一条移动平均线来产生趋势信号。在日线图上,我们把移动平均值伴随着每天的价格图线逐日显示。当收市价格向上突破移动平均值后,就产生了买入信号;当收市价往下突破移动平均值后,就出现了卖出信号。有些技术分析师为了进一步验证上述信号,还希望看到移动平均线本身也朝突破的方向变化。

如果我们采用非常短期的移动平均线(如 5 天或 10 天平均线),移动平均线就非常贴近收市价格的轨迹,并时常出现突破现象。这些穿越信号可能是有效的,也可能是错误的。如果我们采纳这些极为敏感的移动平均线信号,就会导致较多的交易次数,使得交易费用高昂,并引发较多的伪信号(拉锯现象)。

较短期的平均值产生较多的伪信号,但从另一方面来看,它能更及时地揭示趋势信号。因此平均值越敏感,信号就出现得越早。技术分析师们力求找出最合适的移动平均线,既能灵敏、及时地发出信号,又能避开大部分随机的"噪音"。

(一)长期移动平均线与短期移动平均线

通常,当价格处于横向延伸的区间时,短期移动平均线的效果较佳。因为在这类环境下,价格基本上无趋势可循,短期的较敏感的平均线能捕捉更多的短线价格波动。然而,一旦价格趋势形成了,无论是上升还是下降,长期移动平均线就更为有力了。30 日均线在跟踪趋势时,距离价格较远,具有更长的时间滞后性,这样,就不会在市场出现临时性调整时产生错误信号,从而,我们可以更长久地利用主要趋势。反过来,当市场出现短暂的调整时,短期均线就会发出平仓了结的信号,甚至发出逆着当前主流趋势的买卖信号。所以我们可以在市场处于无趋势阶段时,采用较短期的平均线,当市场处于趋势良好的阶段时,则采用较长期的平均线。单独采用一条平均线不利于分析时,也可以采用多条移动平均线。

(二)关于一条移动平均线的过滤器

为了减少采用一条移动平均线时出现的拉锯现象,技术分析师在移动平均线信号上施加了过滤器。具体做法如下:

(1)某些技术分析师在采纳移动平均线的信号之前,不仅要求收市价格必须穿越移动平均线,同时也要求当天的全部价格范围清晰地凸出在移动平均线的同一侧。

(2)收市价格突破移动平均线的幅度必须达到预定的要求。突破幅度可以是最小价格单位的一定倍数或者是某个百分比。例如,在纽约商品交易所(COMEX),黄金的最小价格单位为 10 美分(0.10 美元),那么我们就可以把过滤器设置为 5 倍于最小价格单位,即 50 美分(0.50 美元)。在百分比过滤器中,可能要求收市价格突破移动平均线的幅度达到 1%。当然,使用过滤器也有弊端,比如,过滤器越小,那么它的保护性能越差。而过滤器越大,则信号发出得越迟。过滤器提供的保障越佳,那么其入市信号就越滞后,从而错过越多的价格变化,入市成本就越高。

(3)移动平均线信号可以与其他指标的突破信号相互验证,这样就可以加强信号的可靠性,避免在短暂的横向区间中,接连地陷入拉锯现象。

(4)时间过滤器。很多技术分析师在动手之前,都要先观察一到三天。因为绝大部分错误信号在短时间内都会返回去。所以,如果我们要求信号有效突破一两天,就可以甄别出很多伪信号。本方法所付的代价是,等到信号确认,入市已晚了一步。

(5)百分比包络线。具体的做法就是在移动平均线的上方和下方的一定的百分比位置上,分别作出移动平均线的平移曲线。当收市价格不仅高过移动平均线自身,而且超越了上包络线之后,才构成买入信号。基本的移动平均线则变成了止损出市点。在上包络线和移动平均线之间,形成了所谓的缓冲区。当价格处在这两条线之间时,我们不采取任何举措。只有当收市价向上突破上包络线后,我们才把它看作买入信号。而万一收市价格再回到移动平均线之下,那么就把多头头寸平仓止损。在收市价格跌破下包络线时构成卖出信号,如果收市价格再回到移动平均线之上,则把空头头寸止损平仓。

我们也可以作最高价和最低价移动平均线得到价格包容带。收市价格必须穿越上边线,才构成买入信号。然后,下边线就可用来确定止损出市点。而当收市价格跌破下边线时,才构成卖出信号,然后,上边线就成为止损保护线。在上升趋势时,下边线作为看涨的趋势线;在下降趋势中,可以将上边线作为看跌的趋势线。

二、两条移动平均线分析

前面提到,在有些场合,短期平均线更好用,而在另一些场合,较长期的平均线更能发挥所长。在单独采用一条移动平均线的情况下,常常会出现大量拉锯现象,从而有必要使用各种过滤器。为了提高移动平均线方法的效果和可信度,许多技术分析师选择两条或三条移动平均线的均线系统。

当我们采用两条移动平均线时,长期均线用来识别趋势,短期均线用来选择时机。正是两条平均线及价格三者的相互作用才共同产生了趋势信号。

双移动平均线法有两种具体的用法:

(1)双线相交法。当短期均线向上突破长期均线时,形成黄金叉买入信号。例如,采用 5 日和 20 日均线,当 5 日均线向上突破 20 日均线后,构成买入信号,而当 5 日均线向下突破 20 日均线时,形成死叉卖出信号。如图 10-2 所示。与单移动平均线法相比,采用双移动平均线法在时间上更滞后,但因此也减少了拉锯现象。

(2)把两条移动平均线的中间区域看作中性区。那么,仅当收市价格同时向上突破两条平均线之后,才构成买入信号。如果价格再跌回中性区,就止损出局。同样,当收市价格同时向下突破两条均线之后,才构成卖出信号。如果价格再涨回两条平均线之间的中性区就平仓了结。只要价格维持于中性区内,我们就袖手静观。依此方法设计的系统,也有一些其他系统所不及的长处。

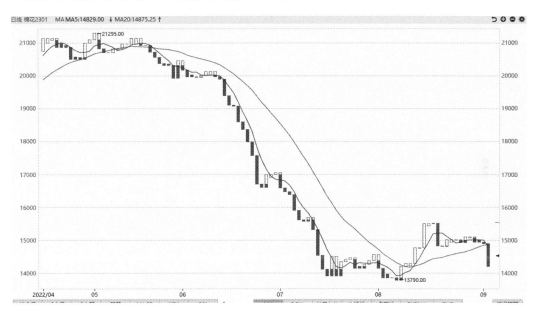

图 10-2　双线相交法

三、三条移动平均线分析

三条移动平均线可以采用三重交叉法。最常用的三重交叉法系统是 4-9-18 日移动平均线的组合。这个概念最先出自艾伦 1972 年的著作《怎样从商品市场发财》(温莎图书出版社)。在 1974 年,他还出版了《怎样利用 4 日、9 日、18 日移动平均线组合从商品市场获取更多利润》(贝斯特图书出版社)。在商品行业,5 日、10 日和 20 日移动平均线是使用得最广泛的几种,4-9-18 日系统其实只是它的一种变化。

移动平均线参数选择得越小,就越贴近价格。由之可以推论,在这个组合中,最短期的 4 日平均线最贴近价格趋势,9 日平均线次之,18 日平均线最远。因此,在上升趋势中,合理的排列应当为 4 日均线高于 9 日均线,而 9 日均线又高于 18 日均线。在下降趋势中,顺序正相反,4 日均线最低,9 日均线次之,18 日均线居上。

在下降趋势中,如果 4 日均线同时向上越过了 9 日和 18 日均线,则构成买入的预警信号。随后,如果 9 日均线也向上越过了 18 日均线,则该预警就得到了验证,说明上述买入信号成立。这样一来,就使 4 日均线居于 9 日平均线之上,而 9 日均线又居于 18 日均线之上。在市场调整时,偶尔也许会有三线绞混的情况,但上升的大趋势不变。有些交易商在这种三线绞混的过程中平仓获利,也有人以之作为买入机会。显然,在应用本规则时,有很大的变通余地,这取决于投资者的交易风格。(见图 10-3)

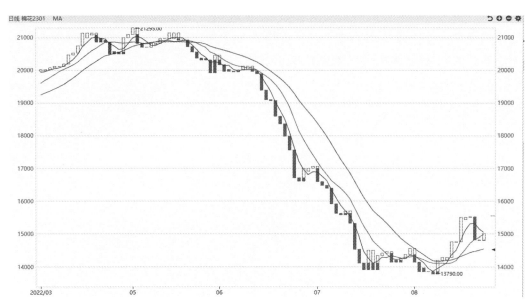

图 10-3　三条移动平均线分析

当上升趋势反转为下降趋势时,首先发生的情况是,最短期的 4 日均线向下跌破 9 日均线和 18 日均线。这是卖出的预警信号。不过,也有人会利用这个交叉信号,将之作为卖出平仓的充分理由来了结原有的多头头寸。随后,如果 9 日均线向下跌破 18 日均线,则卖出信号得到确认。

在这一章,我们给出了移动平均线的许多具体用法。从某种意义上说,或许正是由于这种方法的极大灵活性,投资者才眼花缭乱,无从下手。我们下面试着概括一下。大部分技术分析师使用双移动平均线或三移动平均线的组合。其中,各种平均值均由收市价算得,并且在图上描绘在它所覆盖的最近一个收市价的同一日期上,既不领先,也不靠后。最常用的移动平均值日数为 5 日、10 日、20 日和 30 日,或者是这些数字的某种变通(例如 4 日、9 日和 18 日)。

移动平均线课程视频　　移动平均线 PPT　　移动平均线章节测试

第十一章 技术指标

 育人目标

通过对技术指标参数的选择和计算,让学生不断验证收益和风险,找出买卖机会,提高交易水平和创新能力。

 **知识目标**

通过对本章的学习,了解技术指标的定义和分类,理解应用技术指标的六个分析方法,掌握乖离率指标分析、RSI 指标分析、MACD 指标分析、KDJ 指标分析、WR 指标分析等的方法。

 能力目标

具备各个技术指标的分析运用能力。

第一节　技术指标概述

一、技术指标法的定义

技术指标法是应用一定的数学模型,对原始数据进行处理,得出指标值,再将指标值绘成图表,从定量的角度对价格走势进行预测的方法。

二、应用技术指标的六个方面

(一)技术指标的背离

技术指标的背离是指技术指标曲线的波动方向与价格曲线的波动方向不一致。第一种是"顶背离"(见图 11-1),价格曲线的走势一波比一波高,技术指标曲线的走势却一波比一波低,这是见顶的信号,投资者可考虑卖出。第二种是"底背离"(见图 11-

2）。价格曲线的走势一波比一波低，技术指标曲线的走势却一波比一波高，这是见底的信号，投资者可考虑买进。技术指标的波动有超前于价格波动的"功能"。在价格还没有转折之前，技术指标提前指明未来的趋势。技术指标的背离是应用技术指标最为重要的一点。

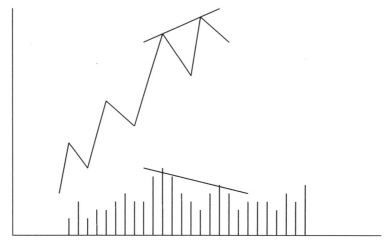

图 11-1　顶背离

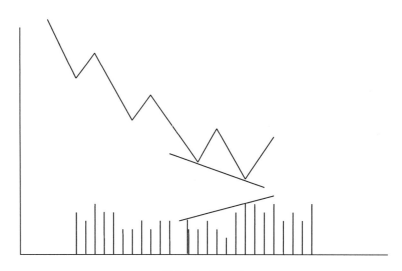

图 11-2　底背离

图 11-3　焦煤 1409 底背离分析

(二)技术指标的交叉

技术指标的交叉是指技术指标图形中的两条曲线发生了相交现象。实际中有两种类型的指标交叉。第一种是属于同一个技术指标的不同参数的两条曲线之间的交叉。常说的黄金交叉和死亡交叉就属于这一类(见图 11-4)。第二种是技术指标曲线与固定的水平直线之间的交叉。水平直线通常是指横坐标轴。横坐标轴是技术指标取值正负的分界线。技术指标与横坐标轴的交叉,表示技术指标由正值变成负值或由负值变成正值。

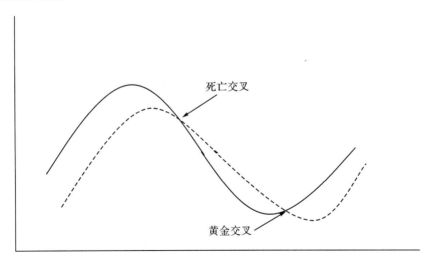

图 11-4　黄金交叉和死亡交叉

(三)技术指标的极端值

技术指标的极端值是指技术指标的取值极其大或极其小。术语上将这样的情况称为技术指标进入"超买区和超卖区"。超买就是过度买进,表示市场的需求远远超过供给,市场已上涨到相当高度,当出现这种现象时,供求关系迟早会发生逆转,高企的价格将会回档或反转向下。所以技术指标进入超买区是卖出的信号。超卖与超买相反,技术指标进入超卖区是买进的信号。

(四)技术指标的形态

技术指标的形态是指技术指标曲线的波动过程中出现了形态理论中所介绍的反转形态。在实际中,出现的形态主要是双重顶(底)和头肩形。

(五)技术指标的转折

技术指标的转折是指技术指标曲线在高位或低位"调头",表明一个趋势将要结束,而另一个趋势将要开始。

(六)技术指标的盲点

技术指标在大部分时间里是无效的。也就是说,在大部分时间里,技术指标都不能发出买入或卖出的信号。因为,在大部分时间里,技术指标是处于"盲"的状态。只有在很少的时候,技术指标才能"看清"市场,发出信号。

三、应用技术指标应注意的问题

(1)主观因素影响。

①对相同对象的不同判断。对相同的对象,每个投资者可能得到不同的结论。这是主观因素的直接体现。

②技术指标的参数选择。大多数指标都要设定参数。个人选取的参数不同,技术指标的取值就不同,直接影响技术指标的使用效果。这一点特别重要。

③技术指标的适用条件。每种关于技术指标的结论都有自己的适用范围和适用条件。

(2)多数技术指标只能作为战术手段,而不能作为战略手段。

(3)技术指标之间的结合和调整。了解每一种技术指标的特性和构造原理是很有必要的。通常是以4—5个技术指标为主,其余的技术指标为辅,并根据实战效果和个人的因素构建自己的指标体系。

通常情况下单个指标独立使用,很容易出现错误,应根据指标间的互补性结合使用来提高准确性。

四、技术指标的分类

(1)大势型:专用于判断大盘走势的指标。如涨跌比指标 ADR、超买超卖指标

OBOS。

（2）超买超卖型：如随机指标 KDJ、威廉指标 WR、相对强弱指标 RSI、顺势指标 CCI、变动速率 ROC。

（3）趋势型：本类型指标至少有两条线，大致以两条线的交叉为讯号。把握这个重点就可以将指数平滑异同平均线 MACD、趋向指标 DMI、振动升降指标 ASI、瀑布线 PBX、多空线 DKX、平均线差 DMA 运用自如。

（4）能量型：本类型指标是价格热度的温度计，专门测量投资者情绪高亢或沮丧的程度。如心理线 PSY、容量比率 VR。

（5）成交量型：成交量型指标有 N 字波动型和 O 轴穿越型。如成交量 VOL 和能量潮 OBV。

（6）均线型：即各种不同算法的平均线。主要通过短期均线穿越长期均线的结果，判断是否为买卖信号。如移动平均线 MA、多空指数 BBI。

（7）路径型：布林带 BOLL。

（8）停损型：抛物转向 SAR。此类指标不仅具备停损的作用而且具有反转交易的功能，所以，不能单纯以停损的观念看待这个指标，而是将其看成一个会产生交易信号的相对独立的交易系统。

第二节　趋势指标

一、MACD 指标

MACD 指标主要是利用长短期两条平滑平均线，计算两者之间的差离值。该指标可以去除掉移动平均线经常出现的假讯号，又保留了移动平均线的优点。

由于 MACD 指标对价格变动的灵敏度不高，属于中长线指标，所以在盘整行情中不适用。

（一）MACD 指标的计算公式

（1）MACD 指标由正负差（DIF）、异同平均数（DEA）和 MACD 值（BAR）三部分组成，当然，DIF 是核心，DEA 是辅助。

先介绍 DIF 的计算方法。DIF 是快速平滑移动平均线与慢速平滑移动平均线的差，DIF 的名称正负差由此而来。快速和慢速的区别是进行指数平滑时采用的参数大小不同，快速是短期的，慢速是长期的。以现在常用的参数 12 和 26 为例，对 DIF 的计算过程进行介绍。

①快速平滑移动线（EMA）是 12 日的，计算公式为：

$$今日 EMA(12)=\frac{2}{12+1}\times 今日收盘价+\frac{11}{12+1}\times 昨日 EMA(12)$$

(式 11-1)

②慢速平滑移动平均线(EMA)是 26 日的,计算公式为:

$$今日 EMA(26)=\frac{2}{26+1}\times 今日收盘价+\frac{25}{26+1}\times 昨日 EMA(26)$$

(式 11-2)

以上两个公式是指数平滑的公式,平滑因子分别为 2/13 和 2/27。如果选别的系数,则可照此法处理。

$$DIF=EMA(12)-EMA(26) \qquad (式 11-3)$$

有了 DIF 之后,MACD 的核心就有了。单独的 DIF 也能进行行情预测,但为了使信号更可靠,我们引入了另一个指标 DEA。

(2)DEA 是根据离差值计算得到的其 9 日的 EMA,即离差平均值。DEA 是 DIF 的平滑移动平均线,变化趋势比 DIF 迟钝。

$$今日 DEA=(2/10)\times 今日 DIF+(8/10)\times 昨日 DEA \qquad (式 11-4)$$

(3)BAR 是 DIF 线与 DEA 线的差,彩色柱状线。BAR 反映了 DIF 的变化速度(斜率),柱状线的长短与斜率变化的绝对值存在线性相关关系。

$$BAR=2\times(DIF-DEA) \qquad (式 11-5)$$

(二)MACD 指标的使用方法

(1)当 DIF 与 DEA 均大于 0,且 DIF 向上突破 DEA 时,市场处于一种强势情形,将再次上涨,可以做多或持仓待涨,这是 MACD 指标"黄金交叉"的一种形式。

(2)当 DIF 与 DEA 均小于 0,且 DIF 向下突破 DEA 时,市场将再次进入极度空头中,价格还将下跌,可以再做空,这是 MACD 指标"死亡交叉"的一种形式。

(3)当 DIF 与 DEA 均小于 0,而 DIF 向上突破 DEA 时,市场即将转强,价格跌势已尽,将止跌朝上,可以开始多头建仓或持仓,这是 MACD 指标"黄金交叉"的另一种形式。

(4)当 DIF 与 DEA 均大于 0,而 DIF 却向下突破 DEA 时,市场即将由强转弱,价格将大跌,这时应做空,这是 MACD 指标"死亡交叉"的另一种形式。

BAR 用红柱和绿柱表示,红柱表示正值,绿柱表示负值。

(1)当红柱持续放大时,市场处于上涨行情中,将继续上涨,这时应持仓待涨或短线做多,直到红柱无法再放大时才考虑平仓。

(2)当绿柱持续放大时,市场处于下跌行情之中,将继续下跌,这时应做空建仓,直到绿柱开始缩小时才可以空头平仓。

(3)当红柱开始缩小时,多头即将结束(或要进入调整期),价格将大幅下跌,这时应看空。

(4)当绿柱开始收缩时,市场的大跌行情即将结束,将止跌向上(或进入盘整),这时可以少量进行长期战略多头建仓。

（5）当红柱开始消失、绿柱开始放出，这是市场反转信号之一，表明上涨行情（或高位盘整行情）即将结束，将开始加速下跌，这时应开始看空。

（6）当绿柱开始消失、红柱开始放出，这也是市场反转信号之一，表明下跌行情（或低位盘整）已经结束，股价将开始加速上升，这时应开始看多。

MACD 指标示例如图 11-5 所示。

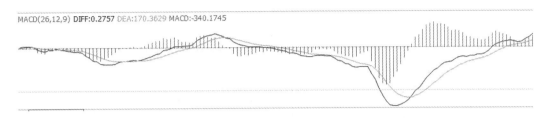

图 11-5　MACD 指标示例

二、EXPMA 指标

EXPMA 指标以交叉为主要讯号。该指标可以随价格的快速移动，立即调整方向，有效地解决讯号落后的问题，但该指标在盘整行情中不适用。

（一）EXPMA 指标的计算公式

（1）计算第一条 EXPMA：
$$EXPMA1=(C-Xp)\times 0.15+Xp \qquad （式 11-6）$$
（2）计算第二条 EXPMA：
$$EXPMA2=(C-Xp)\times 0.04+Xp \qquad （式 11-7）$$
其中：C 为当天的收市价，Xp 为前一天的 EXPMA 值。

第一次计算时，因为还没有 EXPMA 值，所以 Xp 用前一天的收市价代替。0.15 及 0.04 的来源由 $\frac{2}{N+1}$ 得来，而一般 N 的参数值设定在 12 及 50。

（二）EXPMA 指标的使用方法

（1）当短期指数平均数由下往上穿过长期平均数时为买进讯号。
（2）当短期指数平均数由上往下穿过长期平均数时为卖出讯号。
（3）价格由下往上碰触 EXPMA 时，很容易遭遇大压力回档。
（4）价格由上往下碰触 EXPMA 时，很容易遭遇大支撑反弹。

（三）EXPMA 指标的使用心得

（1）价格瞬间行情幅度过大时，使用 EXPMA 指标的交叉讯号，经常在最高价买进或在最低价卖出，此时可以将日线图转变成半小时或一小时图，这样就能够迅速抓住时效性。

（2）在常态行情中，依 EXPMA 指标交叉讯号买进仓单，价格却经常立即回档；而依照讯号卖出仓单后，价格又经常立即反弹，这一点给投资人造成相当大的困扰，所以遇到这种行情不要使用该指标，可改为 CCI 搭配 ROC 使用。

EXPMA 指标示例如图 11-6 所示。

图 11-6　EXPMA 指标示例

三、TRIX 指标

TRIX 指标是一种三重指数平滑平均线，长线操作时采用本指标的讯号，可以过滤掉一些短期波动的干扰，避免交易次数过于频繁，造成部分无利润的买卖及手续费的损失，但该指标在盘整行情中不适用。

（一）TRIX 指标的计算公式

（1）计算 N 天的收盘价的指数平均 AX：

$$AX = (I\ 日)收盘价 \times \frac{2}{n+1} + (I-1)日\ AX \times \frac{n-1}{n+1} \quad （式\ 11\text{-}8）$$

（2）计算 N 天的 AX 的指数平均 BX：

$$BX = (I\ 日)AX \times \frac{2}{n+1} + (I-1)日\ BX \times \frac{n-1}{n+1} \quad （式\ 11\text{-}9）$$

（3）计算 TRIX：

$$TRIX = (I\ 日)BX \times \frac{2}{n+1} + (I-1)日\ TRIX \times \frac{n-1}{n+1} \quad （式\ 11\text{-}10）$$

（4）计算 TRIX 的 m 日移动平均 TMA：

$$TMA = [(I-m)日\ TRIX\ 累加]/m\ 日 \quad （式\ 11\text{-}11）$$

(二)TRIX 指标的使用方法

(1)TRIX 指标向上交叉其 MA 线为买入讯号。

(2)TRIX 指标向下交叉其 MA 线为卖出讯号。

注:该指标在判断卖出时可能会失真。

(三)TRIX 指标的使用心得

TRIX 指标波动频率较低,一年到头出现讯号的次数不多,是一项超长周期的指标。长时间按照本指标讯号交易,获利百分比大于损失百分比,特别是打算进行长期控盘或投资时,利润相当可观。

TRIX 指标示例如图 11-7 所示。

TRIX(12,9) TRIX:0.0214 TRMA:0.1004

图 11-7　TRIX 指标示例

MACD 课程视频

技术指标(课前学习)PPT

技术指标(MACD)PPT

第三节　反趋势指标

一、RSI 指标

RSI 指标是目前投资技术分析中比较常用的中短线指标。

(一)RSI 指标的原理

RSI 指标的基本原理是在一个正常的行情中,多空买卖双方的力道必须均衡,价格才能稳定。而 RSI 指标是在固定期间内,价格上涨总幅度平均值占总幅度平均值的比例。其利用一定时期内价格(或指数)的涨跌变化来推断未来走势,掌握买卖时机。RSI 也指一定时间内上升波动幅度占总的波动之百分比,是测量多、空双方买卖力量的强弱程度,从而判断未来市场走势的一种技术指标。

(二)RSI 指标的计算公式

$$RSI(n) = \frac{A}{A+B} \times 100 \qquad (式\ 11\text{-}12)$$

注:A 为 n 个 ΔC 中的正数之和,即 n 天中上涨之和;B 为 n 个 ΔC 中的负数之和的绝对值,即 n 天中下跌之和。

(三)RSI 指标的使用方法

(1)RSI 值于 0—100 之间呈常态分布,当 6 日 RSI 值为 80 以上时,市场呈超买现象,若出现 M 头为卖出时机;当 6 日 RSI 值在 20 以下时,市场呈超卖现象,若出现 W 头为买进时机。

(2)RSI 一般选用 6 日、12 日、24 日作为参数,参数越大越有趋势性(慢速 RSI),参数越小越有敏感性(快速 RSI)。当快速 RSI 由下往上突破慢速 RSI 时,为买进时机;当快速 RSI 由上而下跌破慢速 RSI 时,为卖出时机。

(四)RSI 指标的超买和超卖

一般而言,RSI 的数值在 80 以上和 20 以下为超买超卖区的分界线。

(1)当 RSI 值超过 80 时,整个市场极度强势,多方力量远大于空方力量,双方力量对比悬殊,多方大胜,市场处于超买状态,后续行情有可能出现物极必反的回调或转势的行情,此时,投资者可卖出商品。

(2)当 RSI 值低于 20 时,市场极度弱势,空方力量远大于多方力量,空方大举进攻后,市场下跌的幅度过大,已处于超卖状态,价格可能出现物极必反的反弹或转势行情,投资者可适量建仓、买入商品。

(3)当 RSI 值处于 50 左右时,市场处于整理状态,投资者可观望。

(4)对于超买超卖区的界定,投资者应根据市场的具体情况而定。一般市场中,RSI 数值在 80 以上就可以称为超买区,20 以下就可以称为超卖区。但有时在特殊的涨跌行情中,RSI 的超买超卖区的划分要视具体情况而定。比如,在牛市中,超买区可定为 90 以上,而在熊市中,超卖区可定为 10 以下(这点是相对于参数设置小的 RSI 而言的,如果参数设置大,则 RSI 很难到达 90 以上和 10 以下)。

RSI 指标示例如图 11-8 所示。

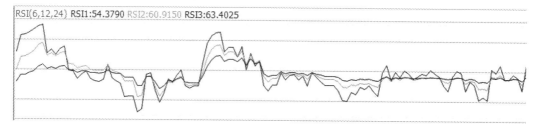

图 11-8　RSI 指标示例

二、CCI 指标

CCI 指标用来测量价格脱离正常价格范围的变异性,正常波动范围在 -100—+100 之间。CCI 指标属于超买超卖类指标中较特殊的一种,是专门对付极端行情的。在一般常态行情下,CCI 指标不会发生作用,当 CCI 扫描到异常价格波动时,力求速战速决,胜负立即分晓,赌输了也必须立刻加速逃逸。CCI 的"天线"是 +100,"地线"是 -100。

(一)CCI 指标的计算公式

(1)计算 TP:

$$TP = \frac{最高价 + 最低价 + 收盘价}{3} \qquad (式\ 11\text{-}13)$$

(2)计算 MA:

$$MA = \frac{最近\ N\ 日收盘价的累计和}{N} \qquad (式\ 11\text{-}14)$$

(3)计算 MD:

$$MD = \frac{最近\ N\ 日(MA - 收盘价累计和)}{N} \qquad (式\ 11\text{-}15)$$

(4)N 日 CCI:

$$CCI = \frac{TP - MA}{MD} \times \frac{1}{0.015} \qquad (式\ 11\text{-}16)$$

(二)CCI 指标的使用方法

(1)CCI 从 -100—+100 的常态区,由下往上突破 +100"天线"时,为抢进时机。

(2)CCI 从 +100"天线"之上,由上往下跌"天线"时,为加速逃逸时机。

(3)CCI 从 -100—+100 的常态区,由上往下跌破 -100"地线"时,为打落水狗的放空卖出时机。

(4)CCI 从 -100 下方由下往上突破 -100"地线"时,应尽快鸣金收兵回补买进。

CCI 指标示例如图 11-9 所示。

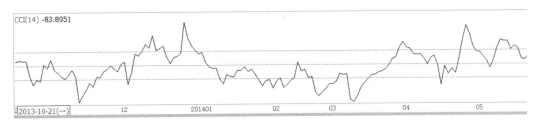

图 11-9　CCI 指标示例

三、KDJ 指标

KDJ 指标是在 WMS 指标的基础上发展起来的,所以就有 WMS 指标的一些特性。在反映市场价格变化时,WMS 指标最快,K 指标其次,D 指标最慢。在使用 KDJ 指标时,我们往往称 K 指标为快指标,D 指标为慢指标。K 指标反应敏捷,但容易出错,D 指标反应稍慢,但稳重可靠。

(一)KDJ 指标的计算公式

(1)产生 KDJ 以前,先产生未成熟随机值 RSV。其计算公式为:

$$N \text{日} RSV = \frac{Ct - Ln}{Hn - Ln} \times 100 \qquad (\text{式 11-17})$$

(2)对 RSV 进行指数平滑,就得到如下 K 值:

$$\text{今日 K 值} = \frac{2}{3} \times \text{昨日 K 值} + \frac{1}{3} \times \text{今日 RSV} \qquad (\text{式 11-18})$$

式中,$\frac{1}{3}$ 是平滑因子,是可以人为选择的,不过目前已经约定俗成,固定为 $\frac{1}{3}$ 了。

(3)对 K 值进行指数平滑,就得到如下 D 值:

$$\text{今日 D 值} = \frac{2}{3} \times \text{昨日 D 值} + \frac{1}{3} \times \text{今日 K 值} \qquad (\text{式 11-19})$$

式中,$\frac{1}{3}$ 为平滑因子,可以改成别的数字,同样已成约定,$\frac{1}{3}$ 也已经固定。

(4)在介绍 KD 时,往往还附带一个 J 指标,计算公式为:

$$J = 3D - 2K = D + 2(D - K) \qquad (\text{式 10-20})$$

可见 J 是 D 加上一个修正值。J 的实质是反映 D 和 D 与 K 的差值。此外,有的书中 J 指标的计算公式为:J=3K-2D。

(二)KDJ 指标的使用方法

(1)从 KDJ 的取值方面考虑,80 以上为超买区,20 以下为超卖区,KDJ 超过 80 就应该考虑做空卖出,低于 20 就应该考虑做多买入。

(2)KDJ 指标在交叉方面的考虑,K 上穿 D 是金叉,为买入信号,金叉的位置应该比较低,是在超卖区的位置,越低越好。交叉的交数以 2 次为最少,越多越好。

(3)KDJ 指标的背离方面考虑。

①当 KDJ 处在高位,并形成两个依次向下的峰,而此时价格还在上涨,这叫顶背离,是卖出的信号。

②当 KDJ 处在低位,并形成一底比一底高,而价格还继续下跌,这构成底背离,是买入信号。

(4)J 指标取值超过 100 和低于 0,都属于价格的非正常区域,大于 100 为超买,小于 0 为超卖,并且 J 值的讯号不会经常出现,一旦出现,则可靠度相当高。

KDJ 指标的示例如图 11-10 所示。

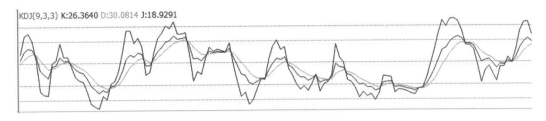

图 11-10 KDJ 指标示例

四、ROC 指标

ROC 指标用来测量价位动量,可以同时监视常态性和极端性两种行情。ROC 以 0 为中轴线,可以上升至正无限大,也可以下跌至负无限小。

(一)ROC 指标的计算公式

(1)AX＝今日的收市价—N 天前的收市价。

(2)BX＝N 天前的收市价。

(3)计算 ROC：

$$\mathrm{ROC}=\frac{AX}{BX}\times100 \qquad\qquad (式\ 11\text{-}21)$$

N 为参数,一般取 12、6。

(二)ROC 指标的使用方法

(1)ROC 向下跌破零,为卖出信号;ROC 向上突破零,为买入信号。

(2)价格创新高,ROC 未配合上升,显示上涨动力减弱。

(3)价格创新低,ROC 未配合下降,显示下跌动力减弱。

(4)价格与 ROC 从低位同时上升,短期反弹有望。

(5)价格与 ROC 从高位同时下降,警惕回落。

ROC 指标的示例如图 11-11 所示。

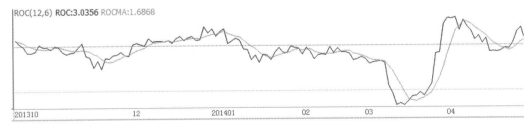

图 11-11 ROC 指标示例

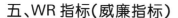

五、WR 指标(威廉指标)

WR 指标是当天的收市价在过去一段日子的全部价格范围内所处的相对位置,是一种兼具超买超卖和强弱分界的指标。它主要的作用在于辅助其他指标确认讯号。

(一)WR 指标的计算公式

$$N \text{ 日 WR} = \frac{Hn - Ct}{Hn - Ln} \times 100 \qquad (\text{式 11-22})$$

式中:Ct 为当天的收市价;Hn 和 Ln 为最近 N 日内(包括当天)出现的最高价和最低价。

(二)WR 指标的使用方法

(1)从 WR 的绝对取值方面考虑。当 WR 高于 80,即处于超卖状态,行情即将见底,应当考虑买进;当 WR 低于 20,即处于超买状态,行情即将见顶,应当考虑卖出。

(2)从 WR 的曲线形状考虑。在 WR 进入高位后,一般要回头,如果这时价格还继续上升,这就产生背离,是卖出的信号。在 WR 进入低位后,一般要反弹,如果这时价格还继续下降,这就产生背离,是买进的信号。WR 连续几次撞顶(底),局部形成双重或多重顶(底),则是卖出(买进)的信号。

(三)WR 指标的使用心得

(1)WR 主要可以辅助 RSI,确认强转弱或弱转强是否可靠。RSI 向上穿越 50 阴阳分界时,回头看一看 WR 是否也同样向上空越 50。如果同步则可靠,如果不同步则应多参考其他指标讯号再做决定。相反地,向下穿越 50 时,也是同样的道理。注意比较两者是否同步时,其设定的参数必须是相对的比例,大致上 WR 的 5 日、10日、20 日对应 RSI 的 6 日、12 日、24 日。

(2)WR 进入超买或超卖区时,应立即寻求 MACD 讯号的支援。当 WR 进入超买区时,把它当成一种预警效果,回头看看 MACD 是否产生 DIF 向下交叉 MACD 的卖出讯号。一律以 MACD 的讯号为下手卖出的时机。相反地,WR 进入超卖区时,也适用同样的道理。

WR 指标的示例如图 11-12 所示。

图 11-12　WR 指标示例

RSI 课程视频

BOLL 课程视频

第四节　能量指标

一、BRAR 指标

BRAR 指标分为 BR 指标、AR 指标,前者为买卖意愿指标,后者为买卖气势指标,AR 指标可单独使用,BR 指标必须与 AR 指标并用。

BR 指标是一种"情绪指标",是以"反市场心理"的立场为基础的,当众人一窝蜂地买商品,前途似乎一片光明时,你应该断然离开市场。相反地,当群众已经对行情失望,市场不被看好时,你应该毅然决然地进场默默承接。

AR 指标是一种"潜在动能"。由于开市价是投资者经一夜冷静思考后,买卖方式撮合成交的一个合理价格,那么,从开市价向上推升至当日最高价之间,每超越一个价位都会损耗一分能量。当 AR 值升高至一定限度时,代表能量已经消耗殆尽,缺乏推升力道的价格,很快就会面临反转危机。相反地,价格从开盘之后并未向上冲高,自然就减少能量的损耗,相对地也就囤积保存了许多累积能量,这一股无形的潜能,随时都有可能在适当成熟的时机爆发出来。

(一)BRAR 指标的计算公式

(1)BR 指标的计算公式:

$$多方强度=\begin{cases}H_t-C_{t-1}, & H_t-C_{t-1}>0, \\ 0, & H_t-C_{t-1}\leqslant0\end{cases} \qquad (式11\text{-}23)$$

$$空方强度=\begin{cases}C_{t-1}-L_t, & C_{t-1}-L_t>0, \\ 0, & C_{t-1}-L_t\leqslant0\end{cases} \qquad (式11\text{-}24)$$

$$多方强度和=N\text{ 天多方强度和} \qquad (式11\text{-}25)$$

$$空方强度和=N\text{ 天空方强度和} \qquad (式11\text{-}26)$$

$$BR=\frac{多方强度和}{空方强度和}\times100 \qquad (式11\text{-}27)$$

(2)AR 指标的计算公式:

$$多方强度=\begin{cases}H_t-O_t, & H_t-O_t>0, \\ 0, & H_t-O_t\leqslant0\end{cases} \qquad (式11\text{-}28)$$

$$空方强度= \begin{cases} O_t-L_t, & O_t-L_t>0, \\ 0, & O_t-L_t \leqslant 0 \end{cases} \qquad (式 11\text{-}29)$$

$$多方强度和 = N 天多方强度和 \qquad (式 11\text{-}30)$$

$$空方强度和 = N 天空方强度和 \qquad (式 11\text{-}31)$$

$$AR = \frac{多方强度和}{空方强度和} \times 100 \qquad (式 11\text{-}32)$$

N 一般取 26 天,当然也可以取 30 天或其他天数,但所选天数不能太少。

(二)BRAR 指标的使用方法

(1)BR=100 是强弱气势的均衡状态,BR 的取值越大,多方优势越大;BR 的取值越小,空方优势越大。

(2)当 BR 在 70—150 之间时,市场处于整理阶段,多空双方谁都没有力量击垮对方。

(3)BR>300 时要注意价格的回档;BR<40 时要注意价格的反弹。

(4)AR=100 是强弱气势的均衡状态,AR 的取值越大,多方优势越大;AR 的取值越小,空方优势越大。

(5)当 AR 在 80—120 之间时,市场处于盘整状态,多空双方谁也没有力量击垮对方。

(6)AR>180 时要注意价格的回档;AR<100 之后急剧下跌,AR<40 时可考虑买入。

(7)由于 BR 指标波动范围比 AR 指标大得多,故在应用时,AR 指标可单独使用而 BR 指标一般不单独使用。

(8)熊市中 BR 指标低于 AR 指标,牛市中 BR 指标高于 AR 指标。

(9)AR、BR 有领先价格达到峰顶和谷底的功能,这是其有背离原则的应用基础。AR、BR 达到峰顶回头时,如果价格线还在上涨,这就形成了顶背离,是比较强烈的短线卖出信号;AR、BR 到达谷底并回头时,如果价格线继续探底,这就形成了底背离,是比较强烈的短线买入信号。AR、BR 形成两个依次下降的峰顶,而价格形成两个依次上升的峰顶,这就形成了顶背离;AR、BR 形成两个依次上升的谷底,而价格形成两个依次下降的谷底,就形成了底背离。

(10)BRAR 指标不宜作为买卖的主要依据。

(三)BRAR 指标的使用心得

当 BR 由高档下降,此时 AR 位于 40 左右的低水平,持续蓄积能量,而 BR 由上而下缓慢地接受 AR,几乎达到触碰的程度,或者略低于 AR 时,为千载难逢的买进时机,又称为最佳的狙击买点。这个讯号,一年很难遇到一次。

BRAR 指标示例如图 11-13 所示。

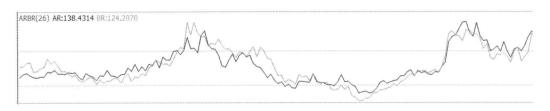

图 11-13　BRAR 指标示例

二、CR 指标

CR 指标用于判断买卖时机,能够测量人气的热度和价格动量的潜能,显示压力带和支撑带,以辅助 BRAR 指标的不足。CR 指标的设计原理与 BR 指标、AR 指标相同,所不同的是多空平衡点定在昨日的中间价。BR 指标重视收市价,AR 指标重视开市价,而 CR 指标重视中间价。选择中间价的原因主要是为了避免开市价、收市价的不真实而导致指标提供伪信号。

(一)CR 指标的计算公式

$$多方强度 = \begin{cases} H_t - M_{t-1}, & H_t - M_{t-1} > 0, \\ 0, & H_t - M_{t-1} \leqslant 0 \end{cases} \quad (式 11\text{-}33)$$

$$空方强度 = \begin{cases} M_{t-1} - L_t, & M_{t-1} - L_t > 0, \\ 0, & M_{t-1} - L_t \leqslant 0 \end{cases} \quad (式 11\text{-}34)$$

$$多方强度和 = N 天多方强度和 \quad (式 11\text{-}35)$$

$$空方强度和 = N 天空方强度和 \quad (式 11\text{-}36)$$

$$CR = \frac{多方强度和}{空方强度和} \times 100 \quad (式 11\text{-}37)$$

CR 配置 4 条平均线:CR 的 10 天平均线称为 a 线;CR 的 20 天平均线称为 b 线;CR 的 40 天平均线称为 c 线;CR 的 60 天平均线称为 d 线。

(二)CR 指标的使用方法

(1)由 a、b 构成的带状称为副振带。当 CR 由下往上欲穿越副振带时,价格将受到次级压力作用;当 CR 由上往下欲穿越副振带时,价格将受到次级支撑作用。

(2)由 c、d 构成的带状称为主振带。当 CR 由下往上欲穿越主振带时,价格将受到强大压力作用;当 CR 由上往下欲穿越主振带时,价格将受到强大支撑作用。

(3)CR 相对价格会产生背离现象,特别是在价格的高价区。

(4)CR 跌至 40 以下时,价格形成底部的机会相当高。

(5)CR 高于 300—400 之间时,价格很容易向下反转,此时需注意 a 线变化。

CR 指标示例如图 11-14 所示。

图 11-14　CR 指标示例

三、VR 指标

VR 指标主要的作用在于从成交量的角度测量价格的热度,表现市场的买卖气势,以利于投资者掌握价格可能之趋势走向。该指标以"反市场操作"的原理为出发点。

(一)VR 指标的计算公式

$$AVS = N \text{ 天中价格上涨日的成交量之和} \qquad (\text{式 } 11\text{-}38)$$

$$BVS = N \text{ 天中价格下跌日的成交量之和} \qquad (\text{式 } 11\text{-}39)$$

$$CVS = N \text{ 天中价格不涨不跌日成交量之和} \qquad (\text{式 } 11\text{-}40)$$

$$VR = \frac{AVS \times 2 + CVS}{BVS \times 2 + CVS} \times 100 \qquad (\text{式 } 11\text{-}41)$$

参数 N 可取 26,也可修改成其他天数,但天数不宜小于 13 天。

(二)VR 指标的使用方法

(1)VR 值一般介于 80%—150% 之间,此时价格波动较小。

(2)VR 下跌至 40% 以下时,市场极易形成底部。

(3)VR 值上升至 160%—180% 后,成交量通常会进入衰退期。

(4)交易金额突然增加,VR 值也直冲上升,市场极易产生一段多头行情。

(5)VR 超过 350%,随时注意价格反转下跌。

(6)价格较低时,VR 值增加,而价格未增加,为买入时机;价格较高时,VR 值增加,而价格未增加,需防止价格下跌。

(7)VR 运用在寻找底部时较可靠。VR 有背离功能。

VR 指标示例如图 11-15 所示。

图 11-15　VR 指标示例

第五节　BOLL 指标

BOLL 指标又叫布林线,命名自其创造者约翰·布林先生,是一种利用经典统计原理创造出来的路径型技术指标。BOLL 指标利用波带显示其安全的高低价位。价格游走在"上限"和"下限"的带状区间内,当价格涨跌幅度加大时,带状区会变宽,当涨跌幅度缩小时,带状区会变窄。

(一)BOLL 指标的计算公式

(1)计算 MA:

$$MA = \frac{最近 N 日累计收市价}{N} \qquad (式 11\text{-}42)$$

(2)计算标准差 MD:

$$MD = \sqrt{\frac{\sum_{i=1}^{n}(C_i - MA)^2}{N}} \qquad (式 11\text{-}43)$$

(3)计算 MB、UP、DN:

$$MB = (N-1)MA \qquad (式 11\text{-}44)$$

$$UP = MB + 2 \times MD \qquad (式 11\text{-}45)$$

$$DN = MB - 2 \times MD \qquad (式 11\text{-}46)$$

(二)BOLL 指标的应用方法

1.看商品价格的位置

(1)商品价格在中轨和上轨之间代表强势行情,可做多买入。

(2)商品价格在中轨和下轨之间代表弱势行情,可做空卖出。

(3)价格冲破上轨说明价格走势极强;跌破下轨说明价格走势极弱。

2.看上、中、下轨线方向

(1)当布林线的上、中、下轨线同时向上运行时,市场强势特征非常明显,短期内将继续上涨,投资者应坚决做多。

(2)当布林线的上、中、下轨线同时向下运行时,市场的弱势特征非常明显,短期内将继续下跌,投资者应坚决做空。

(3)当布林线的上轨线向下运行,而中轨线或下轨线却还在向上运行时,市场处于整理态势之中。如果市场处于长期上升趋势,则表明此时是上涨途中的强势整理阶段,投资者可以持多待涨或逢低做多;如果市场处于长期下跌趋势,则表明此时是下跌途中的弱势整理阶段,投资者应以持空待跌或逢高做空为主。

3.看 K 线和上、中、下轨线的位置

（1）当 K 线从布林线的中轨线下方向上突破布林线的中轨线时，市场的强势特征开始出现，将上涨，投资者应以中长线做多为主。

（2）当 K 线从布林线的中轨线上方向上突破布林线的上轨线时，市场的强势特征已经确立，可能短线大涨，投资者应以持多待涨或短线做多为主。

（3）当 K 线向上突破布林线的上轨线以后，其运动方向继续向上时，如果布林线的上、中、下轨线的运动方向也同时向上，则市场的强势特征依旧，短期内还将上涨，投资者应坚决持多待涨，直到 K 线的运动方向开始有掉头向下的迹象。

（4）当 K 线在布林线的上轨线上运动了一段时间后，如果 K 线的运动方向开始掉头向下，一旦向下突破布林线的上轨线，市场短期的强势行情可能结束，短期内将大跌，投资者应及时短线做空。

（5）当 K 线从布林线的上轨线上方向下突破布林线的上轨线后，如果布林线的上、中、下轨线的运动方向也开始同时向下，市场的短期强势行情即将结束，短期走势不容乐观，投资者应以逢高做空为主。

（6）当 K 线从布林线的中轨线上方向下突破布林线的中轨线时，市场前期的强势行情已经结束，中期下跌趋势已经形成，投资者应中线及时做空。如果布林线的上、中、下轨线也同时向下则更能确认。

（7）当 K 线向下跌破布林线的下轨线并继续向下时，市场处于极度弱势行情，投资者应坚决以做空为主。

4.看轨道宽窄

正如前面 BOLL 指标的原理讲的那样，如果价格近期波动很稳定，窄幅振荡，不上不下，则 BOLL 上下轨线之间的宽度会很窄。一旦价格打破整理，轨道会立刻变宽（上轨线向上蹿、下轨线向下猛跌），这时可以采取行动。

（三）BOLL 指标的喇叭口

根据布林线上轨线和下轨线运行方向和所处位置的不同，我们可以将喇叭口分为开口型喇叭口、收口型喇叭口和紧口型喇叭口三种类型。

开口型喇叭口形态常出现在市场短期内暴涨行情的初期，收口型喇叭口形态常出现在市场暴跌行情的初期，紧口型喇叭口形态则常出现在市场大幅下跌的末期。

1.开口型喇叭口

当市场经过长时间的底部整理后，布林线的上轨线和下轨线逐渐收缩，上、下轨线之间的距离越来越小；市场价格突然出现向上急速飙升的行情，此时布林线上轨线也同时急速向上扬升，而下轨线却加速向下运动，这样布林线上、下轨线之间的形状就形成了一个类似于大喇叭的特殊形态，我们把布林线的这种喇叭口称为开口型喇叭口（见图 11-16）。

开口型喇叭口是一种显示市场短线大幅向上突破的形态。它是市场经过长时间的低位横盘筑底后,面临着向上变盘时所出现的一种走势。

开口型喇叭口形态的形成必须具备两个条件。其一是市场要经过一定时间的中低位横盘整理,整理时间越长,上下轨之间的距离越小,则未来涨升的幅度越大;其二是布林线开始开口时要有明显的大的成交量出现。

开口型喇叭口形态的确立以 K 线向上突破上轨线、价格带量向上突破中长期均线为准。对于开口型喇叭口形态的出现,投资者如能及时短线做多定会获利丰厚。

图 11-16　开口型喇叭口

2. 收口型喇叭口

当市场经过短时间的大幅拉升后,布林线的上轨线和下轨线逐渐扩张,上、下轨线之间的距离越来越大,随着成交量的逐步减少,市场价格在高位出现了急速下跌的行情,此时布林线的上轨线开始急速掉头向下,而下轨线还在加速上升,这样布林线上、下轨线之间的形状就变成一个类似于倒的大喇叭的特殊形态,我们把布林线的这种喇叭口称为收口型喇叭口(见图 11-17)。

收口型喇叭口是一种显示市场短线大幅向下突破的形态。它是市场经过短时期的大幅拉升后,面临着向下变盘时所出现的一种走势。布林线的上、下轨线出现方向截然相反而力度很大的走势,预示着空头力量逐渐强大而多头力量开始衰竭,市场将处于短期大幅下跌的行情之中。

收口型喇叭口形态的确立以市场的上轨线开始掉头向下、价格向下跌破短期均线为准。对于收口型喇叭口形态的出现,投资者如能及时做空则可获取比较大的收益。

图 11-17 收口型喇叭口

3. 紧口型喇叭口

当市场经过长时间的下跌后,布林线的上、下轨线向中轨线逐渐靠拢,上、下轨线之间的距离越来越小,市场价格在低位反复振荡,此时布林线的上轨线还在向下运动,而下轨线却在缓慢上升。这样布林线上、下轨线之间的形状就变成一个类似于倒的小喇叭的特殊形态,我们把布林线的这种喇叭口称为紧口型喇叭口(见图 11-18)。

紧口型喇叭口是一种显示市场将长期小幅盘整筑底的形态。它是市场价格经过长期大幅下跌后面临长期调整时的一种走势。布林线的上、下轨线的逐步小幅靠拢,预示着多空双方的力量逐步处于平衡,市场将处于长期横盘整理的行情中。

紧口型喇叭口形态的形成条件和确认标准比较宽松,只要市场经过较长时间的大幅下跌后成交萎缩,上、下轨线之间的距离越来越小,就可认定紧口型喇叭口初步形成。当紧口型喇叭口出现后,投资者既可以观望等待,也可以少量建多仓。

图 11-18　紧口型喇叭口

技术指标(超买超卖指标)PPT

技术指标章节测试

第十二章　资金管理和交易策略

育人目标

通过对橡胶案例的分析,使学生具备国际视野、风险意识和良好的投资心理。

知识目标

通过对本章的学习,理解资金管理和交易策略的定义,了解交易策略制定的方法,理解报偿与风险比,掌握止损止盈设置方法和交易指令设置方法。

能力目标

具备风险管理能力和交易指令操作能力。

前面各章讲的是我们在进行大宗商品市场的预测和大宗商品的交易时,所采用的主要技术方法。在最后一章中,为了完成对交易过程的研究,我们要在市场预测的基础上,介绍交易策略(时机抉择)这个关键因素,以及另一个常常被忽略的方面——资金管理。三个要素,缺一不可,否则,交易就做不成。

第一节　资金管理和交易策略概述

在任何成功的大宗商品交易模式中,我们都必须考虑以下三个方面的重要因素:价格预测、交易策略(时机抉择)和资金管理。

(1)价格预测指我们所预期的未来市场的趋势方向。在市场决策过程中,这是关键的第一个步骤。通过预测,交易者分析到底是看涨,还是看跌,从而决定应该以多头入市,还是以空头入市。如果价格预测是错误的,那么以下的一切工作均不能奏效。

(2)交易策略(时机抉择)指确定具体的入市和出市点。在大宗商品交易中,时机抉择也是极为关键的。因为这个行业具有较低的保证金要求(高杠杆率)的特点,所以我们没有多大的回旋余地来挽回错误。尽管我们已经正确地判断出了市场的方向,但是如果把入市时机选择错了,那么依然可能蒙受损失。就其本质来看,时机抉择几乎完全是技术性的问题。因此,即使交易者是基础分析型的,在确定具体的入市、出市点这一时刻,他仍然必须借助于技术工具。

(3)资金管理是指资金的配置问题。其中包括投资组合的设计,多样化的安排,在各个市场上应分配多少资金去投资或冒险,止损指令的用法,报偿与风险比的权衡,在经历了成功阶段或挫折阶段之后分别采取何种措施,以及选择保守稳健的交易方式还是大胆积极的方式等方面。

总而言之,价格预测告诉交易者怎么做(买进还是卖出),时机抉择帮助他决定何时做,而资金管理则确定用多少钱做这笔交易。关于价格预测的问题,前面各章已有论述。我们这章主要处理后两个方面。首先谈资金管理,因为在制定恰当的交易策略时,必须把这个问题考虑进去。

交易系统课程视频

投资理念与策略课程视频

第二节　资金管理

有的交易者认为,在交易模式中,资金管理是最重要的部分,甚至比交易方法本身还要关键。如果要长久地立于不败之地,就少不了它。资金管理所要解决的问题,事关我们在投资市场的生死存亡。它告诉交易者如何掌握好自己的钱财。作为成功的交易者,谁笑到最后,谁就笑得最好。资金管理恰恰增加了交易者生存下去的机会。

一、资金管理要点

我们必须承认,关于投资组合的管理问题是极为复杂的,有时必须借助复杂的统计学方法。我们这里在相对简单的水平上讨论这个问题。以下罗列了一些普遍性的资金管理要领,有助于进行资金分配和决定每笔交易应注入的资金等问题。

(1)总投资额必须限制在全部资本的 50％ 以内。余额可以投入短期政府债券。这就是说,在任何时候,交易者投入市场的资金都不应该超过其总资本的一半。剩下的一半是储备,用来保证在交易不顺手的时候或临时支用时有备无患。比如说,如果账户的总金额是 100000 美元,那么其中只有 50000 美元可以动用,投入交易中。

(2)在任何单个市场上所投入的总资金必须限制在总资本的 10％—15％ 之间。因此,对于一个 100000 美元的账户来说,在任何单独的市场上,最多只能投入 10000

到 15000 美元作为保证金存款。这一措施可以防止交易商在一个市场上注入过多的本金,从而避免"把鸡蛋放在一个篮子里"的风险。

(3)在任何单个市场上的最大总亏损金额必须限制在总资本的 5% 以内。这个 5% 是指交易商在交易失败的情况下,将承受的最大亏损。在我们决定应该做多少张合约的交易,以及应该把止损指令设置在多远以外时,这一点是我们极为重要的出发点。因此,对于 100000 美元的账户来说,可以在单个市场上冒险的资金不超过 5000 美元。

(4)在任何一个市场群类上所投入的保证金总额必须限制在总资本的 20%—25%。这一条要点的目的是,防止交易商在某一类市场中投入过多的本金。同一群类的市场,往往步调一致。例如,金市和银市是贵金属市场群类中的两个成员,它们通常处于一致的趋势下。如果我们把全部资金头寸注入同一群类的各个市场,就违背了多样化的风险分散原则。因此,我们应当控制投入同一市场群类的资金总额。

上述要领在投资市场中是通用的,不过我们也可以对之加以修正,以适应各个交易商的具体需要。有些交易商大胆进取,往往持有较大的头寸。也有些交易商较为保守稳健。关键就在于采取适当的多样化的投资形式,未雨绸缪,防备亏损,保护资本。

二、决定头寸的大小

一旦交易者打定主意在某市场开立头寸,并且选准了入市时机,下面就该决定买卖多少张合约了。我们这里采用 10% 的规定,即把总资本乘以 10%,就得出在每笔交易中可以注入的金额。比如总资本 100000 美元的 10% 是 10000 美元。我们假定每张黄金合约的保证金要求为 2500 美元,那么 10000 美元除以 2500 美元得 4,即交易商可以持有 4 张黄金合约的头寸。这一条只是资金管理的要领,在有些情况下,我们需要做一定程度的变通,最重要之处是不要在哪个单独的市场或市场群类中卷入太深,以免接二连三地吃亏赔本,招致灭顶之灾。

三、分散投资与集中投资

分散投资是限制风险的一个办法,但也要避免分散过头,如果交易商在同一时刻把交易资金散布于太多市场的话,那么其中为数不多的几笔盈利,就会被大量的亏损交易冲抵掉。因此我们必须找到一个合适的平衡点。有些成功的交易者把他们的资金集中于少数几个市场上,只要这些市场在当时处于趋势良好的状态,那就大功告成。过分分散和过分集中这两个极端,都使投资者两头为难。所以,同时在 4 到 6 个不相干的市场上持有头寸,或许是一条中庸之道。关键的一点是"不相干"原则。我们所选择的市场之间的相关性越小,则越能取得分散投资的功效。如果我们只是同时在 4 种贵金属市场上持有多头头寸,那么,算不得是优越的分散投资。

四、设置保护性止损指令

投资者在开仓前一定要采取保护性止损措施。不过止损指令的设置着实是一门艺术。交易者必须把价格图上的技术性因素与资金管理方面的要求进行综合研究。交易者应当考虑市场的波动性。市场的波动性越强,那么,止损指令就应当比较远。无独有偶,这里也有个机会问题。一方面,交易者希望止损指令充分地接近,这样,即使交易失败,亏损也会尽可能地少。然而另一方面,如果止损指令过于接近,那么很可能当市场发生短暂的摇摆(或称"噪音")时,会出现不必要的平仓止损的行为。总之,止损指令过远,虽然能够避开"噪音"干扰,但最终损失较大。关键还是要走中庸之道。

五、报偿与风险比

最成功的交易商也只能在 40% 的交易中获利。事实就是如此。大多数交易以亏损而告终。那么,既然交易者在多数情况下都赔钱,他们最终又怎么能盈利呢?因为大宗商品交易只要求如此小额的保证金,所以,哪怕市场朝不利的方向只变化一点点,我们也不得不忍痛平仓止损。于是,在交易者真正捕捉到他心目中的市场运动之前,或许不得不先进行几番尝试。

假定某交易者预期黄金价格即将从 300 美元涨到 500 美元,于是他在 300 美元的价位买入了一张合约,并把冒险金额限定为 10 美元。随后市场跌到了 290 美元,这笔交易就被止损平仓了。然后在 295 美元的时候,他又买入一张合约,接着又一次蒙受了 10 美元的小额损失。最后,他在 305 美元第三次买进,这一回终于如愿以偿,价格涨到了 500 美元,结果获利 195 美元。他总共做了 3 笔交易。头 2 笔有小额亏损,总共为 20 美元。第三笔盈利 195 美元。尽管在 3 笔中只有 1 笔有利润,但是最终结果仍然是盈余 175 美元(195－20)。

这就涉及了报偿与风险比的问题。因为大多数的交易是赤字,所以我们唯一的希望就是,确保获利交易的盈利额大于亏损交易的损失额。为了达到这个目的,大部分交易者都要考虑报偿与风险比。对每笔计划中的交易,我们都要确定其利润目标(报偿),以及在万一失败的情况下可能亏损的金额(风险)。然后,我们把利润目标与潜在亏损加以权衡,得出报偿与风险比。报偿与风险比有一个通用的标准,3 比 1。在考虑一笔交易时,其获利的潜力至少必须达到可能亏损的 3 倍,我们才能够付诸实施。在前面的黄金交易的例子里,假定其预测风险为 10 美元,那么其利润潜力至少达到 30 美元才行。

"让利润充分增长,把亏损限于小额。"在商品交易中,这是老生常谈了,我们刚刚讨论的问题与之很有关系。在商品市场中,如果我们咬定长期趋势,就可以实现巨额的利润。因为就每年来说,我们仅有少数的交易可致巨利,所以机会难得,必须尽量扩大战果。"让利润充分增长",一语道破天机。而"把亏损限于小额"就像同一个硬币的另一面。

六、复合头寸交易——跟势头寸与交易头寸

说起来,"让利润充分增长"似乎颇容易。只要我们有慧眼,捕捉到某市场趋势的开端,就能在相对短的时间内,获取巨额利润。然而,迟早有一天,趋势突然停滞不前了。此时,在摆动指数上显示出超买状态,在价格图上也面临着一些重要的阻挡水平。虽然我们相信市场尚有很大的上涨余地,但是又担心价格下跌,丧失账面利润。现在,是平仓获利呢? 还是安之若素,准备忍过可能出现的调整呢?

有一个办法可以解决这个问题:我们始终采用复合头寸来进行交易。所谓复合头寸,是指我们把交易的单位分成交易头寸和跟势头寸两部分。跟势头寸部分图谋长期的有利之处。对于它们,我们设置较远的止损指令,为市场的巩固或调整留有充分的余地。从长期角度看,这些头寸能够带来最大的利润。

在我们的投资组合中,特地留出交易头寸部分来进行频繁地出市入市的短线交易。如果市场已经达到第一个目标,接近了某个阻挡区,同时摆动指数也显示出超买状态,那么,我们就可以针对交易头寸部分平仓获利,或者安排较接近的止损指令。其目的是要锁定或确保利润。如果之后趋势又恢复了,那么我们就把已平仓的头寸重新补回来。因此,我们最好在开始交易时,避免只做一张合约或一个单位头寸的情况。通过多单位头寸的交易,我们就拥有了更大的灵活性,从而可能提高总的交易成绩。

七、保守型与大胆型交易方式

我们应把保守的交易风格推崇为最终取胜之道。甲交易者成功的把握较大,但是其交易作风较为大胆;而乙交易者成功的把握较小,但是他能奉行保宁的交易原则。那么,从长期看,实际上乙交易者取胜的机会可能比甲更大。

从长期来看,保守的交易作风最可取。急于发财的交易者往往采取大胆积极的交易方式。那么,只要市场运动的方向不出岔子,其利润的确是可观的。但是,一旦行情逆反,其后果通常就是毁灭性的了。每个交易者都得在保守与大胆两个极端之间选择自己的风格。

八、在成功或失败阶段之后做什么

交易者在经历了一轮失败或成功之后,应该做什么? 假定你的交易本金赔掉了50%,你应当改变交易风格吗? 如果你已经损失了一半本钱,那么为了挣回原来的资金金额,首先你就不得不从剩下的一半中挣出它的一倍来。你是更加细致地选择交易机会呢,还是选择保证金要求较低的市场呢,还是采取一如既往的交易方式呢? 如果这时你才变得保守起来,就很难把损失的资金再弥补回来了。

另一方面,如果交易者刚刚喜获丰收,虽然感觉挺滋润,却也有个两难的问题。

假定你已经赚足了原有本金的一倍,那么如何利用这些盈利呢?看起来,似乎显而易见,为了从资金运用中取得最大的收益,我们应该利用盈利来把交易头寸扩大一倍。然而,将来免不了发生亏损的情况,如果我们这么办了,结果可能不只是贴掉刚挣回的那一半利润,而是要连本带利地全部搭进去。所以上面两个问题的答案并不像看起来那么简单明白。

每个交易商的交易成绩记录都是由一系列峰和谷组成的,与价格图倒是极相似。如果从总体上看交易者是盈利的,那么他的资金图线就应当是上升的。在刚刚获利之后马上就增加注入市场的本金,这种时机是最糟糕的。这一点恰恰就像在上升趋势中,当市场处于超买状态时买入一样。更明智的做法是,在本金稍有亏损的时候,便开始增加投入。这么做,增大了重头投入处在本金的低谷而不是在本金的顶峰的机会。

盈亏比和资金管理课程视频

第三节　交易策略

交易商在完成了市场分析之后,就应当清楚到底是该买进,还是该卖出。下一步,我们根据资金管理方面的考虑,确定注入资金的规模。最后,我们进入市场,实际购进或抛出商品合约。在交易中,由于入市点和出市点的时机抉择必须极为精确,因此,最后这一步在上述过程中可能是最困难的。关于如何入市和多少价位入市的问题,我们必须在通盘考虑各项技术因素和资金管理的要求,以及所采用的交易指令的类型的基础上,才能做出最后决定。下面,我们依次对各个方面加以探讨。

一、利用技术分析抉择时机

出入市时机抉择问题是针对很短暂的时期而言的。我们所关心的时间范围,是以天、小时,乃至分钟来计算的,这与逐周、逐月的筹划正好相对立。但是所采用的技术方法依然是一致的。我们的讨论仅限于一些一般性的概念。

(一)关于突破信号的策略

关于突破信号,交易者永远都得面对一个左右为难的问题:究竟在突破发生之前预先入市?还是正当突破发生的时候当场入市?或者是等突破发生后、市场反扑或反弹时伺机入市呢?三种做法各有各的门道,而且我们也有综合采用三种方式的办法。如果交易者可以买卖数张合约,那么不妨每样各做一个单位。假定我们预期市场将发生向上突破。采取预先方式的好处就在于,如果突破果真如愿发生了,那么我们的头寸就具备有利的(较低的)价位。但是在另一方面,交易失败的风险也相应地较大。如果我们正当突破发生时才入市,则成功的把握较大,但是代价是,入市的价位不利(较高)。如果我们等市场在突破后、出现反扑时,再伺机入市,那么只要果真能够发生反扑,这就不失为合理的折中方案。可惜的是,许多势头凶猛的市场(通常也是最有利可图的),并不给那些耐心的交易商第二个机会。因此,采取伺机入市的方式风险小,但是错过重要的入市机会的可能性较大。

这也是一个很好的例子。在突破前"预先"入市时,交易者不妨开立一点小头寸;然后,在突破时,再添一点头寸;最后,等突破后市场调整性地跌回时,再追加一点头寸。如果交易者只有一点小头寸,就失去了操作上的灵活度。在很大程度上,他的决定取决于他愿意在这笔交易上冒多少风险,以及愿意采取什么样的交易风格。最保守的方式可能是在市场突破后出现反扑时"伺机买进"。碰上这种情况,完全要看交易者本人如何决策了。

(二)趋势线的突破

这是一种最有价值的早期入市或出市的信号。如果交易商正在寻求趋势变化的技术信号,以开立新头寸,或者正找机会平仓了结原有头寸的话,那么,紧凑趋势线的突破常常构成出手信号。当然,我们也必须结合考虑其他技术信号。另外,在趋势线起支撑或阻挡作用的时候,也可以伺机选择入市点。在主要的上升趋势线的上侧买入,或者在主要的下降趋势线的下侧卖出,均不失为有效的时机抉择的对策。

(三)支撑和阻挡水平的利用

在选择出、入市点这一方面,支撑和阻挡水平是最行之有效的图标工具。当阻挡被击破时,可能构成开立新的多头头寸的信号。而这个新头寸的保护性止损指令就可以设置在最近的支撑点的下方。我们甚至还可以更接近地设置止损指令,把它安排在实际的突破点之下,因为这个水平现在已经从阻挡变支撑作用了。如果在下降趋势中市场上冲至阻挡水平,或者在上升趋势中价格下跌到支撑水平,那么我们均可以据此开立新头寸,或者把已有账面利润的原有头寸加以扩大。另外,在我们设置止损指令的时候,支撑和阻挡水平也是最有参考价值的。

(四)百分比回撤的利用

在上升趋势中,向下的调整常常回撤到前面的上涨进程40％—60％的位置。我们可以利用这一点来开立新的多头头寸。因为我们现在主要谈的是时机抉择问题,所以我们把百分比回撤也应用于非常短期的变化。比如说,在上升趋势突破之后的40％回撤点买入,而在下降趋势40％—60％的向上反弹点抛空卖出。同时,在日内价格图上,我们也可以应用百分比回撤的概念。

(五)价格跳空的利用

我们还可以利用线图上出现的价格跳空来有效地抉择买卖时机。例如,在上升运动之后,其下方的价格跳空通常起到支撑作用。当价格跌回价格跳空的上边缘,或者回到价格跳空之内的时候,我们买入。然后,我们把止损指令放置在跳空之下。在下跌运作之后,当市场反弹到上面价格跳空的下边缘,或进入跳空之内的时候,我们卖出。然后,把其止损指令安排在跳空的上方。

二、交易指令的类型

正确地选择交易指令的类型,是交易策略中的必要组成部分。不过,这里要讨论的,只限于一些较为常见的指令类型:

(1)市价指令指经纪人按照当前的市场价格买入或卖出商品合约。在市场急速动作的情况下,或者在交易商要求确保能够开立头寸的情况下,最好采用此类指令,以免贻失良机,错过潜力大的市场运动。

(2)限价指令明确地指出交易者愿意接受的交易价格。买入限价指令一般设置在当前市场价格之下,表示交易者在买进时愿意支付的最高价格。而卖出限价指令一般放置在当前市场价格之上,表示交易者在卖出时愿意接受的最低价格。本指令属于伺机成交的指令类型。举例来说,如果买方在看涨突破发生后,试图趁市场随后向下反扑到支撑水平附近时再入市,则可以采用此类指令。

(3)止损指令既可以用来开立新头寸,也可以用来限制已有头寸的亏损,或者保护已有头寸的账面利润。止损指令指明了有关交易指令的执行价格。买入止损指令一般置于市场的上方,而卖出止损指令则设在市场的下方(这一点与限价指令正好相反)。只要市场触及止损指令的水平,该指令就转化为市价指令,经纪人必须立即以能够到手的最好价格执行。在多头头寸的情况下,其卖出保护指令设置在市场下方,以限制亏损。如果后来价格上涨了,我们也可以提高止损指令的水平以保护账面利润(这就是所谓的跟踪止损)。我们也可以预先在阻挡水平上方安排好止损指令,从而当向上突破发生的时候,就能够及时地开立多头头寸了。同样道理,卖出止损指令也可以设立在支撑水平之下,等向下突破发生时,开立新的空头头寸。因为止损指令后来转化为市价指令了,所以其实际的执行价格或许比止损指令的原定水平要差一些,特别是当市场激烈变化时尤其如此。

(4)止损限价指令是止损指令和限价指令的复合形式。本类指令同时明确了止损价格和限价价格两个水平。一旦市场触及止损价格,则本指令转化为限价指令。当交易者既打算在突破发生时入市买卖,又力图控制交易价格的时候,可以采用这一类指令。

(5)触市指令(M.I.T.)与限价指令类似,但区别在于,一旦市场触及本指令的价格水平,它就转化为市价指令了。买入触市指令也像买入限价指令那样,把水平设置在市场下方。当所限制的水平被市场触及后,经纪人必须立即入市交易。同限价指令比较,本类指令具有明显的优越性。虽然买入限价指令也位于市场下方,但是即使市场触及了它的水平,也不能确保该指令被执行。这正是触市指令最有价值的地方。如果交易商既希望趁跌低价买入,又不想在市场对指令水平一触即返的情况下丧失入市良机,就可以选用本类指令。在下降趋势中,我们把触市指令设置在市场上方。

上述各种指令分别适用于不同的场合。每一类都是既有长处,也有短处。市价指令能够确保头寸的建立,但其代价是往往"尾追"市场。限价指令能够提供易于控制的好价格,但是存在贻误良机的风险。对于止损限价指令,当市场在指令水平处发生价格跳空时,也有同样的风险。另外,如果我们采用买入或卖出止损指令来开立新头寸的话,也免不了发生执行价格恶劣的情况。触市指令虽然出奇地有效用,但是在有些交易所是不允许使用的。我们应当通晓上面各种指令,并明了其优缺点。在我们的交易方案中,每种指令均应拥有一席之地。我们还必须明了各期货交易所允许交易者采用的指令类型。

案例分析

　　2017 年 8 月初开始,橡胶价格从 12500 元/吨左右开始一路上涨,9 月 7 日,上涨至 17570 元/吨,9 月 8 日,价格回落,跌幅达到 −4.47%。投资人付某某做了 20 多年的橡胶交易,几十年专做这一个品种,是橡胶圈的资深人士。付某某在 16500 元/吨附近看涨橡胶期货,买入多单,但橡胶从 9 月 13 日开始从 16500 元/吨一路下跌,9 月 28 日跌停至 14025 元/吨。付某某的资金账户 9 月 13 日账户权益是 1.01 亿元,9 月 26 日亏得只剩 3200 万元了,再加上中间入金 4010 万元,实际上这 10 个交易日亏损了 1.1 亿元,9 月 28 日,橡胶期货跌停(7%),若是满仓,就是 10 倍杠杆,已经是腰斩了,一晚亏 4000 元。

　　期货采用的是杠杆交易和当日无负债结算制度。由于橡胶的暴跌,付某某账户的可用资金一直为负,大部分交易日处于负的两三千万元,保证金时刻处于不够用的状态。保证金不够用,期货交易所营业部就会不断打电话催缴保证金,否则就强行平仓,于是,付某某在 18 日、20 日、22 日分 3 次补充了 4000 万元保证金,这应该到了他的极限。

思考题:

　　1.请了解橡胶交易市场和交易规则。

　　2.请简述付某某的交易存在的问题。

　　3.请分析自己的投资风险偏好。

上海橡胶期货事件

止损止盈课程视频

资金管理与交易策略 PPT

资金管理和交易策略章节测试